2023年度陕西本科和高等继续教育教学改革研究项目《陕北方言区师范生普通话教学改革研究——以榆林学院绥德师范校区为例》，项目编号：23BY151

普通话
教学研究

刘云／著

吉林出版集团股份有限公司
全国百佳图书出版单位

图书在版编目（CIP）数据

普通话教学研究 / 刘云著 . -- 长春 : 吉林出版集团股份有限公司 , 2024. 6. -- ISBN 978-7-5731-5214-5

Ⅰ . H102

中国国家版本馆 CIP 数据核字第 2024PB6360 号

普通话教学研究
PUTONGHUA JIAOXUE YANJIU

著　　者：	刘　云
责任编辑：	矫黎晗
装帧设计：	马静静
出　　版：	吉林出版集团股份有限公司
发　　行：	吉林出版集团青少年书刊发行有限公司
地　　址：	吉林省长春市福祉大路 5788 号
邮政编码：	130118
电　　话：	0431-81629808
印　　刷：	北京亚吉飞数码科技有限公司
版　　次：	2025 年 1 月第 1 版
印　　次：	2025 年 1 月第 1 次印刷
开　　本：	710mm×1000mm　1/16
印　　张：	13.5
字　　数：	238 千字
书　　号：	ISBN 978-7-5731-5214-5
定　　价：	86.00 元

如发现印装质量问题，影响阅读，请与印刷厂联系调换。电话：010-82540188

前　言

　　普通话是以北京语音为标准音，以北方话为基础方言，以典范的现代白话文著作为语法规范的现代汉民族共同语，是法定的基本教育教学用语、公务用语、播音用语和公共服务用语。普通话的普及与推广是新中国成立以来一项重要的语言政策。《中华人民共和国宪法》第十九条规定："国家推广全国通用的普通话。"普通话的普及与推广不仅有助于不同地区、不同民族间的交流与理解，而且在提升国民综合素质，促进社会进步，推动经济发展和弘扬中华传统文化方面发挥着重要作用。在国际层面，普通话作为联合国的工作语言之一，是中外文化交流的重要桥梁。越来越多的外国人选择学习普通话，以更好地了解博大精深的中华文化，并积极参与与中国的经贸合作与文化交流。普通话作为沟通的桥梁，可以让世界更加深入地了解中国，从而促进了中华文化的国际传播。

　　普通话教学在推广普通话方面起着至关重要的作用。首先，普通话教学为学习者提供了系统的语言学习途径。通过课堂教学，学习者可以掌握普通话的发音、词汇、语调和语法等基础知识，为日后的语言应用奠定坚实基础。其次，普通话教学可以使学习者更好地传承中华文化。普通话教学不仅教授语言本身，还涉及历史、地理、文化等方面的知识。通过学习普通话，学习者可以更好地传承中华文化，坚定文化自信，从而增强国家凝聚力和向心力。此外，普通话教学也是促进文化交流和传播，推动经济发展和跨文化理解的重要力量。因此，我们应该高度重视普通话教学工作。

　　然而，普通话教学在实践中亦面临诸多挑战。地区差异、师资不均、教学质量参差不齐等问题，对普通话的学习效果和普及推广构成一定制约。此外，在科技迅猛发展的今天，如何利用新媒体、互联网等现代信息技术手段优化普通话教学，成为亟待解决的课题。鉴此，笔者倾心撰写了这部专著，以期为普通话的学习和教学提供一些有价值的参考。

　　本书分为四个部分，从基础知识到教学方法，从理论研究到实践指导，详细介绍了普通话的相关内容。第一篇是普通话概述。通过对普通话内涵、普通话与方言、学习普通话的方法及推广普通话的意义的论述，全面概述了普通话的基本情况。第二篇是普通话语音知识。详细介绍了语音的基本知识，包括声母、韵母、声调、音节及音变等内容，系统分析了普通话语音的发音部位、发音方法及技巧。第三篇是普通话水平测试。对普通话水平测试大纲、测试内容及计算机辅助测试流程等方面，提供了全面的指导，帮助读者了解并掌握普通话水平测试的相关内容和技巧。第四篇是普通话教学改革。分析了普通话教学的现状，并提出了教学模式、教学方法和教学内容的改革建议，旨在推动普通话教学的创新与发展。

　　在本书的编撰过程中，笔者参考了涉及领域的一些学术文献，在此，对相关作者致以最崇高的敬意和最诚挚的感谢！由于笔者水平所限，加之时间仓促，书中难免存在不足和疏漏之处，恳请广大专家和读者提出宝贵意见和建议，以便重印时予以修订，使其臻于完善。

2024 年 3 月

目　录

第一篇　普通话概述

第一节　普通话的内涵 …………………………………………… 2
第二节　普通话与方言 …………………………………………… 5
第三节　学习普通话的方法 ……………………………………… 7
第四节　推广普通话的意义 ……………………………………… 9

第二篇　普通话语音知识

第一章　语音常识 ……………………………………………… 12

第一节　语音的内涵 ……………………………………………… 12
第二节　语音和发音器官 ………………………………………… 23
第三节　呼吸和发声技巧 ………………………………………… 25

第二章　声　母 ………………………………………………… 29

第一节　声母的内涵 ……………………………………………… 29
第二节　声母的发音部位 ………………………………………… 30
第三节　声母的发音方法 ………………………………………… 33
第四节　声母发音辩证 …………………………………………… 44

第三章　韵　母 ………………………………………………… 56

第一节　韵母的内涵 ……………………………………………… 56
第二节　韵母的分类 ……………………………………………… 57
第三节　韵母的发音方法 ………………………………………… 62

第四节　韵母发音辩证⋯⋯⋯⋯⋯⋯⋯⋯⋯⋯⋯⋯⋯⋯⋯　78

第四章　声　调⋯⋯⋯⋯⋯⋯⋯⋯⋯⋯⋯⋯⋯⋯⋯⋯⋯⋯⋯⋯　88
　　第一节　声调的内涵⋯⋯⋯⋯⋯⋯⋯⋯⋯⋯⋯⋯⋯⋯⋯⋯　88
　　第二节　调值与调类⋯⋯⋯⋯⋯⋯⋯⋯⋯⋯⋯⋯⋯⋯⋯⋯　93
　　第三节　声调发音分析⋯⋯⋯⋯⋯⋯⋯⋯⋯⋯⋯⋯⋯⋯⋯　101
　　第四节　声调发音辩证⋯⋯⋯⋯⋯⋯⋯⋯⋯⋯⋯⋯⋯⋯⋯　105

第五章　音　节⋯⋯⋯⋯⋯⋯⋯⋯⋯⋯⋯⋯⋯⋯⋯⋯⋯⋯⋯⋯　109
　　第一节　音节的内涵⋯⋯⋯⋯⋯⋯⋯⋯⋯⋯⋯⋯⋯⋯⋯⋯　109
　　第二节　音节的结构⋯⋯⋯⋯⋯⋯⋯⋯⋯⋯⋯⋯⋯⋯⋯⋯　111
　　第三节　音节的拼读⋯⋯⋯⋯⋯⋯⋯⋯⋯⋯⋯⋯⋯⋯⋯⋯　114
　　第四节　音节的拼写⋯⋯⋯⋯⋯⋯⋯⋯⋯⋯⋯⋯⋯⋯⋯⋯　124

第六章　音　变⋯⋯⋯⋯⋯⋯⋯⋯⋯⋯⋯⋯⋯⋯⋯⋯⋯⋯⋯⋯　145
　　第一节　音变的内涵⋯⋯⋯⋯⋯⋯⋯⋯⋯⋯⋯⋯⋯⋯⋯⋯　145
　　第二节　变　调⋯⋯⋯⋯⋯⋯⋯⋯⋯⋯⋯⋯⋯⋯⋯⋯⋯⋯　154
　　第三节　轻　声⋯⋯⋯⋯⋯⋯⋯⋯⋯⋯⋯⋯⋯⋯⋯⋯⋯⋯　163
　　第四节　儿　化⋯⋯⋯⋯⋯⋯⋯⋯⋯⋯⋯⋯⋯⋯⋯⋯⋯⋯　170
　　第五节　语气词"啊"的音变⋯⋯⋯⋯⋯⋯⋯⋯⋯⋯⋯⋯⋯　176

第三篇　普通话水平测试

　　第一节　普通话水平测试概述⋯⋯⋯⋯⋯⋯⋯⋯⋯⋯⋯⋯　180
　　第二节　普通话水平测试大纲⋯⋯⋯⋯⋯⋯⋯⋯⋯⋯⋯⋯　181

第四篇　普通话教学改革

　　第一节　普通话教学现状⋯⋯⋯⋯⋯⋯⋯⋯⋯⋯⋯⋯⋯⋯　188
　　第二节　普通话教学模式的改革⋯⋯⋯⋯⋯⋯⋯⋯⋯⋯⋯　191
　　第三节　普通话教学方法的改革⋯⋯⋯⋯⋯⋯⋯⋯⋯⋯⋯　196
　　第四节　普通话教学内容的改革⋯⋯⋯⋯⋯⋯⋯⋯⋯⋯⋯　199

参考文献⋯⋯⋯⋯⋯⋯⋯⋯⋯⋯⋯⋯⋯⋯⋯⋯⋯⋯⋯⋯⋯⋯⋯　204

第一篇
普通话概述

第一节 普通话的内涵

普通话作为现代汉民族共同语,在中国社会中占据着举足轻重的地位。它不仅是人们沟通交流的主要工具,还是文化传承和发展的重要载体。了解普通话的内涵,对于人们更好地推广和使用普通话具有重要意义。

一、普通话的概念

普通话是以北京语音为标准音、以北方话为基础方言、以典范的现代白话文著作为语法规范的现代汉民族共同语。它具有独特的语音、词汇和语法体系,能够清晰准确地表达思想,满足人们日常交流的需要。

二、普通话的形成过程

普通话的形成经过了一个漫长而复杂的过程,可以追溯到数千年前。在历史的长河中,不同的方言和语言逐渐融合、演变,最终形成了以北方方言为基础的现代普通话。

(一)雅言的形成与发展

雅言作为古代中国的官方语言,最早可追溯到夏朝。在商、周时期,随着统治阶级的出现和发展,雅言逐渐成为不同地区、不同部族的人们共同学习和使用的语言。在这一时期,雅言在文化、教育、政治等领域得到了广泛的应用和推广,为后来的语言发展奠定了基础。

在春秋战国时期,周王室衰微,各诸侯国独立发展,形成了各自的方言和语言。然而,在这一时期,雅言仍然保持着其官方语言的地位,成为各国士人交流和学习的共同语言。这一时期的文化繁荣和思想碰撞为雅言的发展注入了新的活力和内涵。

(二)北方官话的形成

汉朝时期,随着中原地区经济的繁荣和文化的兴盛,北方官话逐渐形成。这一过程是漫长而复杂的,涉及不同方言区的语言交流和融合。在南北朝时期,北方地区的少数民族与汉族逐渐融合,形成了独具特色的北方官话。这种官话在隋唐时期得到了进一步的发展和完善,成为全国通用的语言。

(三)宋元明清时期方言的融合

在宋元明清时期,随着人口的迁徙和文化的交流,南方地区的方言与北方官话相互融合,形成了更为丰富的语言体系。这一时期的商业繁荣和城市发展,使一些大城市如南京、北京等形成了独具特色的语言风格。这些方言与官话相互影响与融合,最终形成了现代普通话的雏形。

(四)现代普通话的诞生

在中华人民共和国成立后,为了方便不同地区的人们交流和学习,国家制定了现代汉语标准,即普通话。普通话以北京语音为标准音,以北方话为基础方言,以典范的现代白话文著作为语法规范。经过多年的推广和应用,普通话已经成为人们日常交流的主要语言,为中华文化的传承和发展发挥了重要作用。

三、普通话的地位

普通话在中国具有非常重要的地位,它是中华人民共和国官方语言,也是联合国承认的国际通用语言之一。普通话在中国社会、政治、经济、文化等各个领域都发挥着重要的作用。

(一)普通话是中国的国家通用语言

《中华人民共和国宪法》明确规定,国家推广全国通用的普通话,旨在消除不同地区、不同方言区之间的语言障碍,促进社会交流和发展。普通话作为国家通用语言,被广泛应用于政府、军队、学校、媒体、商业等领域,发挥着重要的社会功能。

(二)普通话是中国文化传承的重要载体

普通话不仅是一种语言工具,更是中华文化的重要组成部分。通过普通话,人们可以阅读和传承中国传统文化,理解和传播现代文化,创造和发展新文化。普通话在文化交流、教育、文艺等领域中扮演着不可或缺的角色,是中国文化走向世界的重要桥梁。

(三)普通话在国际交流中发挥着重要的作用

作为联合国承认的国际通用语言之一,普通话在国际会议、国际组织、国际商务等领域被广泛使用。通过普通话,中国能够更好地参与国际事务,与世界各国进行交流和合作。

(四)普通话是中国人民的共同精神财富

普通话不仅是政府和学校的官方语言,更是广大人民群众共同使用的语言。它是人们日常交往、沟通交流的基本工具,也是人们表达思想、传递情感的重要手段。如今,普通话已经成为中国人民共同的精神财富和身份认同的重要标志。

第二节　普通话与方言

方言作为中国语言文化的重要组成部分,承载着地域文化的独特魅力和深厚底蕴。在推广普通话的同时,学习者也应该关注和保护方言文化,促进语言文化的多样性和可持续发展。只有这样,学习者才能更好地传承和发展中国的语言文化,让地域文化得以永续传承。

一、方言的特性

(一)方言的地域性

方言因地域差异而异,不同的方言有着各自独特的语音、词汇和语法特点。这些特点反映了该地区的历史、地理、民俗等方面的信息,使方言成为地域文化的独特载体。例如,南方方言中的声调数量通常比普通话多,而北方方言的语音特点则更接近普通话。

(二)方言的文化性

方言不仅是语言的不同表现形式,更是文化传承的载体。方言中蕴含着丰富的历史、民俗、传说等文化信息,反映了当地人民的生活方式和价值观念。通过学习和研究方言,学习者可以深入了解地域文化的独特魅力和深厚底蕴。

(三)方言的社会性

方言作为当地人民的共同语言,起着身份认同和精神纽带的作用。在一定地域范围内,人们使用方言进行交流和沟通,形成了紧密的社会联系。同时,方言也承载着当地人民的情感和记忆,是他们共同的文化遗产。

二、方言与普通话的关系

(一)方言是普通话的基础方言

普通话以北方话为基础方言,吸收了不同方言中的词汇和表达方式,形成了更加丰富和完善的语言体系。普通话在推广和应用过程中,借鉴了不同方言的特点和表达方式,使普通话更加贴近人民群众的实际语言需求。

(二)方言对普通话的影响

方言对普通话的发展和演变产生了重要影响。普通话在吸收不同方言的词汇和表达方式的同时,也借鉴了方言中的一些语音和语法特点,使自身更加丰富和完善。同时,方言的传承和发展也需要借助普通话这一共同语进行交流和学习。

(三)普通话与方言共存

普通话与方言并不是相互排斥的,而是可以共存的。在一定地域范围内,人们可以同时使用方言和普通话进行交流和沟通。这种共存方式有助于促进文化的多样性和交流,推动社会的和谐发展。

第三节 学习普通话的方法

学习普通话需要多听多说、掌握基本发音和拼音、积累词汇和表达方式、注重实践和应用、培养语言敏感度以及保持积极的心态和耐心。学习者只有通过不断地学习和实践,才能够掌握好普通话,提高自己的语言表达能力。

一、多听多说

听、说是学习所有语言的基础。多听多说是学习普通话的关键。通过多听,可以熟悉普通话的发音、语调和语速;通过多说,可以练习发音、词汇和语法,培养口语表达能力。应多听广播、电视节目、新闻、讲座等,同时模仿播音员、演员的发音和语调,逐渐掌握普通话的语音特点。

二、掌握基本发音和拼音

掌握普通话的基本发音和拼音是学习普通话的基础。要积极学习普通话的声母、韵母、声调等基本知识,并熟练掌握拼音方法。可以通过教材、在线课程等途径学习拼音和发音,同时注意避免方言发音的影响,逐步养成良好的发音习惯。

三、积累词汇和表达方式

词汇和表达方式是语言的重要组成部分。在学习普通话的过程中,需要不断积累词汇,学习常用的表达方式。可以通过阅读、写作等方式扩大词汇量,同时注意理解词汇的含义和用法。此外,多与以普通话为母语的人交流,模仿他们的表达方式,这也有助于提高语言表达能力。

四、注重实践和应用

实践是检验真理的唯一标准。在学习普通话的过程中,需要注重实践和应用,将所学知识运用到实际交流中。可以参加普通话培训班、演讲比赛等活动,与不同地区的人交流,提高自己的语言水平。同时,也要注意自我反思和总结,发现自己的不足并加以改进。

五、培养语言敏感度

语言敏感度是学习语言的重要素质。在学习普通话的过程中,需要培养自己的语言敏感度,注意观察和分析语言的细节。可以通过听录音、看影视作品等方式,观察语言的运用方式,发现语言的规律和特点。

六、保持积极的心态和耐心

学习普通话是一个长期的过程,需要保持积极的心态和耐心。不要期望一蹴而就,要持之以恒地学习,不断进步。同时,也要相信自己能够学好普通话,要积极克服自卑心理,勇于尝试和实践。在学习的过程中,也要学会调整学习方法和心态,不断改进自己的学习方法。

第四节　推广普通话的意义

推广普通话具有重要的意义,能够促进交流与合作、提升国民素质、传承和弘扬中华文化、推动社会进步和发展以及增强国家软实力。

一、促进交流与合作

普通话作为中国的官方语言,是不同地区、不同民族之间交流的桥梁。推广普通话,能够消除方言障碍,使不同地区的人们能够更好地相互理解和沟通。在商业、政治、文化等各个领域,普通话的普及均有助于加强交流与合作,从而推动社会经济的发展。

二、提升国民素质

普通话是现代教育的基石,是国民素质的重要组成部分。通过学习和使用普通话,人们能够更好地获取知识、了解世界,提高自己的综合素质。普通话的普及还有助于培养具有国际视野和跨文化交流能力的优秀人才,提升国家的核心竞争力。

三、传承和弘扬中华文化

普通话作为中华文化的载体,承载着丰富的历史、文化和传统。推广普通话,能够更好地传承和弘扬中华文化,增强民族认同感和凝聚力。通过普通话,人们可以深入了解中国历史、哲学、文学等方面的知识，传承和发扬中华优秀传统文化。

四、推动社会进步和发展

随着社会的进步和发展，人们对语言的要求也越来越高。普通话的普及能够满足人们对语言的新需求，提高信息传递的效率和准确性，从而推动社会的进步和发展。

五、增强国家软实力

语言是国家软实力的重要组成部分。推广普通话能够增强国家的凝聚力和向心力，提升国家的国际形象和地位。通过普及普通话，中国能够更好地与国际社会进行交流和合作，展示自己的文化魅力和综合实力。

第二篇
普通话语音知识

第一章 语音常识

语音是语言的物质载体,是语言学习的基石。语音常识是掌握语言发音和表达能力的基础。在语言交流中,正确的语音和语调能够清晰地传达信息,否则将导致沟通障碍。因此,了解语音常识对于提高人们的语言表达能力、增强人们的语言理解能力以及提升人们的跨文化交流能力都具有重要意义。

第一节 语音的内涵

一、语音的概念

语音是由人的发音器官发出来的,代表着特定意义的声音。它是声音与意义的结合,是语言的外在表现形式。然而,并非人发出的所有声音都是语音。例如,咳嗽声、痛苦或生病时的呻吟声等都不属于语音的范畴。

语音是说话人与听话人进行交流的重要媒介,这一过程非常复杂,大致可以分为发音阶段、传递阶段和感知阶段。

在发音阶段,说话人将想要表达的内容转化为语言形式,这一过程涉及大脑对语言的处理和指令的下达,最终通过发音器官发出声音。这是一个从心理现象转化为生理现象的过程。

第二篇　普通话语音知识

传递阶段涉及说话人发出的言语声波在空气中传播,最终到达听话人的耳朵。在这一过程中,说话人同时也是自己发出声音的接收者。这一阶段的语音传播是一种物理现象。

感知阶段是听话人通过听觉器官接收并使大脑对接收到的语音进行处理和感知。这是一个从生理现象转化为心理现象的过程。

二、语音的特点

概括来说,语音的特点主要包括以下几方面。

(一)元音占优势

在汉语的音节结构中,元音占据了核心地位。任何一个音节都必然包含韵母,而韵母则必然包含一个或多个元音。例如,音节"聊(liáo)"由辅音"l"和元音"i""a""o"组成,元音与辅音的比例为3∶1。再比如,"观(guān)",这个音节由辅音"g""n"和元音"u""a"构成,元音和辅音的比例为2∶2。还有一些音节完全由元音组成,如"啊(ā)""爱(ài)"。

由于汉语的音节中至少有一个元音,或者存在多个元音,并且这些元音可以连续使用,使汉语的音节往往具有响亮的特点。这种特点使汉语语音在交流时更加清晰和易于辨识,有助于提高语音的传播效率和信息传递的准确性。

(二)没有复辅音

复辅音指的是在一个音节中,有两个或两个以上的辅音字母组合在一起,形成一个复合的辅音音素。而在汉语中,音节结构相对简单,一个音节最多包含两个辅音,而且没有两个辅音连在一起的拼法。

汉语的音节主要由声母和韵母组成,声母位于韵母之前。声母由辅音组成,而韵母则主要由元音或元音与辅音的组合构成。在汉语中,辅音字母共有 21 个,这些辅音有的出现在音节的开头,有的出现在音节的结尾,但并没有两个辅音相连的情况出现。这种没有复辅音的特点使汉语语音在发音和拼写上相对简单。它有助于降低语音的复杂性和学习难度,使人们能够更容易地掌握汉语的发音和拼写规则,提高语音交流的效率和准确性。

(三)音节界限分明

在汉语中,音节的结构相对紧凑并且具有明确的界限,这使音节的识别变得相对容易。这种特点在拼写音节时也得到了体现,拼写规则的设计旨在使音节的界限更加清晰。例如,以 i、ü 开头的韵母,在它们前面没有声母时,通常需要改写或加上 y,以避免音节界限的混淆。这种规则的存在是为了保证音节的独立性和清晰度,使拼写能够准确地反映语音的发音。如果音节以 a、o、e 开头,并且与前面的音节界限发生混淆时,通常会使用隔音符号(')来隔开它们。这种隔音符号的使用有助于区分相邻音节的界限,避免出现音节的混淆和误解。

这些拼写规则的存在使汉语音节的界限更加清晰和明确。这种清晰性不仅有助于提高语音交流的效率,也有助于学习和教学。它使汉语语音的拼写与发音更加一致,减少了语音和文字之间的歧义和误解。

(四)每个音节都有声调

声调是指音节中具有区别意义作用的音高变化。在汉语中,声调的作用尤为重要,因为不同的声调可以表达不同的意义。

普通话中的全部字音分属阴平、阳平、上声、去声四种基本调值。这些声调在音高和音长等方面存在差异,使每个音节都有独特的音高模式。通过调节音高模式,人们可以表达不同的意义和情感。例如,"ma"这个音节,如果声调不同,它可以表示"妈""麻""马""骂"

等不同的意义。

声调的存在使汉语语音具有丰富的音乐性和韵律感。通过调节声调的高低、升降和曲折,人们可以表达出不同的情感和语气,如疑问、肯定、感叹等。这种音乐性和韵律感是汉语语音的一个重要特点,使汉语的交流更加生动和富有表现力。

三、语音的单位

语音的单位是语音学中的基本概念,主要包括音素、音节等。

(一)音素

音素是语音中最小的单位,也是构成音节的基础。音素根据发音特点可以分为元音和辅音两大类。

1. 元音

元音是气流不受阻碍时发出的声音,发音时声带振动,气流通过口腔时不受阻碍。元音的音质主要由舌位的高低、前后,口腔的开闭和唇形的圆展等因素决定。

2. 辅音

辅音是气流受到阻碍时发出的声音,发音时声带不一定振动,气流通过口腔或鼻腔时受到阻碍。辅音音质主要由阻碍的方式、部位和松紧等因素决定。

音素在发音过程中具有以下特征:

第一,音素的发音动作具有不可分割性,即一个动作构成一个音素。

第二,音素有明显的起止,具有确定的时长。

第三,音素具有确定的音质,每个音素都有区别于其他音素的声音特征。

第四,音素可以独立存在,也可以组合成音节和词调。

（二）音节

音节是语音的基本结构单位,是自然感到的最小语音单位,由一个或多个音素组成。一个音节中必须有一个元音,辅音则可以出现在音节的开头或结尾。音节具有明显的起止,而且每个音节都有一定的响度。

音节的起始部分称为声母,它可以由一个或多个辅音组成。声母决定了音节的发音特点和语音学特征。声母的特点包括清浊、送气、鼻音等,这些特点直接影响了音节的发音效果。

元音是音节的核心部分,元音通常指由口腔形成的声音,具有明显的响度和音高。不同的元音可以通过口腔的形状和位置来产生,如开口度、舌位和唇形等。元音的发音特点直接影响了音节的清晰度和响度。

音节的结尾部分称为韵母,它通常由一个或多个辅音组成。韵母的特点也会影响整个音节的发音效果,如韵尾的清浊、鼻音等特点。

四、语音的记音符号

学习和研究语音时,记音符号扮演着至关重要的角色。如果没有一套科学、准确且完整的记音符号系统,学习者很难准确记录语音,更谈不上对语音进行深入的研究。记音符号为语音研究提供了具体的记录方式和依据,使语言学者能够系统地整理和归纳语音材料,从而更好地探究语音的规律和特点。

有了记音符号,可以将实际听到的声音转化为可视的符号,为语音资料的保存和传播提供了方便。这些记音符号能够详细地标注出音节的组成、音调的变化以及各种细微的语音差异,为语音研究和语言教学提供了可靠的依据。同时,记音符号还能帮助学习者纠正发音,提高语音的准确性和规范性。通过使用记音符号进行标注和比较,人们可以更清楚地认识到自己发音中存在的问题,进而有针对性地进行纠正和改进。

概括来说,语音的记音符号主要包括以下几种。

(一)直音法

直音法是一种古老的汉字注音方法,其基本原理是用一个已知的同音字来标注另一个汉字的读音。例如,"拾,音十""厶,音司"。这种方法在古代文献中经常被使用,为读者提供了汉字的读音线索。然而,直音法也存在一定的局限性。首先,它要求使用者必须具备一定的汉字知识,即必须认识用来标注的同音字。如果使用者不认识该同音字,那么这种方法就无法起到注音的作用。此外,由于汉字的数量庞大,同音字的情况也相当多,这使直音法的准确性受到限制。

在某些情况下,直音法的局限性可能导致误导。例如,某些生僻字可能几乎没有同音字,或者同音字的常见含义与字音相差较远,这使直音法的注解可能会让读者产生困惑。

尽管如此,直音法仍有一定的实用价值。在某些特定领域,如古文献研究或学术研究领域,直音法可以作为一种辅助的注音方法。但在日常学习和生活中,人们更倾向于使用现代的拼音方案,如用汉语拼音或注音字母来准确标注汉字的读音。

(二)反切法

反切法是一种古代汉语的注音方法,其原理是使用两个汉字来标注另一个汉字的读音。具体来说,上字取声,即取被注字的声母,而下字取被注字的韵母和声调。通过将上字和下字拼合,即可得出被注字的读音。

例如,"鲁,郎古切",其中"郎"是反切上字,"古"是反切下字。通过拼合这两个汉字,可以得出"鲁"字的正确读音。具体来说,"郎"与"鲁"的声母相同,而"古"与"鲁"的韵母和声调相同。

再如,"相,息亮切",其中"息"是反切上字,"亮"是反切下字。通过拼合这两个汉字可以得出"相"字的正确读音。具体来说,"息"与"相"的声母相同,而"亮"与"相"的韵母和声调相同。

与直音法相比,反切法更加进步和科学。直音法仅使用一个同音字进行注音,而反切法则使用了两个汉字来共同确定一个字的读音,因此其准确性更高。此外,反切法已经具备了拼音的性质,为后来的拼音方案提供了基础。

（三）注音字母

注音字母也叫"国音字母",是中国第一套法定的汉字形式的拼音字母。1913年读音统一会议定,1918年北洋政府教育部公布,计字母39个,1919年改定字母次序,加ㄜ(后改为ㄪ),计字母40个。1930年易其名为"注音符号"。1958年后为《汉语拼音方案》取代。这些符号采用笔画式的形式来表示(表1-1),具有简单易学、方便实用的特点。

表1-1 汉语注音字母

注音字母	汉语拼音	注音字母	汉语拼音
ㄅ	b	ㄙ	s
ㄆ	p	ㄚ	a
ㄇ	m	ㄛ	o
ㄈ	f	ㄜ	e
ㄉ	d	ㄝ	ê
ㄊ	t	ㄞ	ai
ㄋ	n	ㄟ	ei
ㄌ	l	ㄠ	ao
ㄍ	g	ㄡ	ou
ㄎ	k	ㄢ	an
ㄏ	h	ㄣ	en
ㄐ	j	ㄤ	ang

第二篇　普通话语音知识

续表

注音字母	汉语拼音	注音字母	汉语拼音
ㄑ	q	ㄥ	eng
ㄒ	x	ㄦ	er
ㄓ	zh	ㄧ	i
ㄔ	ch	ㄨ	u
ㄕ	sh	ㄩ	ü
ㄖ	r	万	v
ㄗ	z	兀	ŋ
ㄘ	c	广	nj

其中,"万""兀""广"这三个注音字母在拼写方言时使用,它们被特别设计用于表示某些特定的方言发音。

与传统的反切法相比,注音字母在拼注字音方面更为准确和方便。注音字母将复杂的汉字读音简化,并以符号的形式进行表示,使汉字的发音能够更加直观地被表示出来。这种拼音化的方式使汉语发音的标注更加科学和规范,为汉字注音的进一步发展奠定了基础。

注音字母的出现标志着汉字注音真正走上了拼音化的道路,对给汉字注音和推广"国语"起到了积极的作用。它不仅简化了汉字的发音标注,而且使汉语发音的统一和规范化成为可能,促进了文化知识的传播和交流。然而,注音字母作为记录汉语语音的符号,仍然存在一些缺点。第一,许多字母实际上代表了两个不同的音,这使人们难以通过字母准确读出正确的读音,需要死记硬背。第二,注音字母采用汉字笔画式的表示方式,这种方式的笔画顺序容易让人混淆,不利于快速书写或连写,也不利于国际文化交流。

（四）《汉语拼音方案》

《汉语拼音方案》是中国官方颁布的汉字注音拉丁化方案,用于标注汉语普通话读音。方案采用拉丁字母拼写,以拼音字母的拼写形式来标注汉语普通话的发音,并采用注音符号作为补充。

《汉语拼音方案》的制定始于清朝末年的切音字运动，其目的是为汉字注音。经过多个历史时期的不断改进和发展，最终在1955年至1957年由原中国文字改革委员会（现国家语言文字工作委员会）汉语拼音方案委员会研究制定完成。自1958年起，《汉语拼音方案》成为中华人民共和国官方颁布的标准汉字注音方法。

《汉语拼音方案》广泛应用于汉语教学、学术研究、出版物和计算机输入等领域，为汉语的国际化、标准化和规范化做出了重要贡献。同时，《汉语拼音方案》也是现代汉语语音研究的重要基础，为语音学、音韵学等领域提供了重要的参考依据。

1. 《汉语拼音方案》的内容

《汉语拼音方案》主要由字母表、声母表、韵母表、声调符号和隔音符号等部分组成，每个部分都有其独特的功能和特点。

（1）字母表

字母表是《汉语拼音方案》的基础，它规定了汉语拼音字母的形体及排列顺序。字母表共有26个字母，包括5个元音字母 a、e、i、o、u 和21个辅音字母。这些字母是构成声母和韵母的基础，是拼音书写的基础单位。

（2）声母表

声母表列举了21个声母，即 b、p、m、f 等。这些声母是汉语拼音中开头的辅音部分，每个声母都由一个辅音组成。声母的发音清晰、有力，是构成音节的重要部分。在拼音书写中，声母的顺序是有规律的，按照双唇音、唇齿音、舌尖中音、舌根音等顺序排列。

（3）韵母表

韵母表列举了24个韵母，包括6个单韵母 a、o、e、i、u、ü，9个复韵母 ai、ei、ui 等，以及9个鼻韵母 an、en 等。韵母是音节的核心部分，决定了音节的发音和音调。韵母的发音轻柔、流畅，能够表达出不同的音调和语调。在拼音书写中，韵母的顺序也是有规律的，按照单韵母、复韵母、鼻韵母的顺序排列。

(4)声调符号

声调符号是《汉语拼音方案》中不可或缺的部分,它规定了普通话中四个声调的符号,声调的不同会导致意义的变化,如"da"可以是"搭""答""打""大"等不同的字。声调符号的使用可以清晰地表示出汉语中不同声调的区别,有助于提高拼音书写的准确性和一致性。

(5)隔音符号

除了以上几个主要部分外,《汉语拼音方案》还规定了隔音符号的使用方法。隔音符号是一种特殊的符号,用于分隔音节,避免音节的混淆。在拼音书写中,如果一个词的读音由两个音节组成,而这两个音节的拼写形式又很相似,就需要使用隔音符号进行分隔,以避免产生歧义。例如,"ping'an"表示"平安"。

2.《汉语拼音方案》的作用

《汉语拼音方案》在汉语教学中起到了重要的作用。

(1)给汉字注音

《汉语拼音方案》为汉字提供了统一的注音方法,使汉字的读音能够被准确地标注和传播,这是其最重要的作用之一。在古代,汉字的读音标注主要依靠反切法,这种方法标注的读音并不准确,而且受限于个人的发音和方言的差异。而《汉语拼音方案》彻底改变了这一局面。《汉语拼音方案》对于识字、阅读、写作和普通话的推广具有重要意义。

(2)推广普通话

《汉语拼音方案》是专门为普通话设计的注音方案,对于推广普通话起到了重要作用。通过拼音的学习,人们可以更好地掌握普通话的发音,提高普通话的普及程度。

(3)促进文化交流

《汉语拼音方案》是国际上广泛承认和使用的汉语拼音方案,对于促进国际文化交流具有重要意义。通过拼音的标注,汉语能够被更多的人所了解和学习,有助于中华文化的传播。

（4）辅助语文教学

《汉语拼音方案》在语文教学中起到了辅助作用,能够帮助学生更好地学习汉字、阅读和写作。同时,通过拼音的练习还可以提高学生的语言能力和思维能力。

（5）科技应用

《汉语拼音方案》在科学技术领域得到了广泛应用,如信息处理、数据统计、人工智能等。人们通过拼音的输入,能够快速地检索和整理信息,提高科技工作的效率。

（五）国际音标

为了准确记录各种语言的语音,为语言研究者提供研究语言的基础,国际语音协会于1888年制定了一套专门用于记录世界各种语言的专用符号——国际音标。这套音标系统是国际上最通用的一套语音记音符号,其形体以拉丁字母的小写印刷体为基础,并采用了大写、草体、合体、倒排、变形、加符等多种方式进行补充,使其易于掌握和使用。

国际音标规定每一个符号只表示一个固定的读音,一音一符、一符一音,既不能借用,也没有变化。这种记音方式能够细致准确地记录世界上各种语言的语音,不受任何语言的限制,为各国所公认。国际音标不仅适用于记录英语、法语、德语等欧洲语言,也适用于记录汉语、阿拉伯语、印地语等亚洲语言,甚至可以用来记录非洲语言和美洲土著语言等。

国际音标对于语言研究和教学具有重要意义。对于语言研究者来说,国际音标提供了一种科学、准确、通用的记音方式,使他们能够更好地记录和研究各种语言的语音特征和演变规律。对于语言教师来说,国际音标可以帮助他们更准确地教授学生发音,纠正学生的发音错误,提高学生的口语表达能力。此外,国际音标也有助于语言教学和教材编写。通过使用国际音标,教师可以更准确地标注教材中的语音内容,使教材更加规范和统一。同时,国际音标也有助于学生自学语言,帮助他们更好地掌握发音和口语表达技巧。

总之,国际音标是记录语音的重要工具,具有科学、准确、通用和易学易用的特点。它不仅为语言研究者提供了一种有效的研究手段,也为语言教师和学生提供了重要的学习资源。掌握国际音标对于语言教学和语言研究都具有重要意义,是语言文字工作者必备的基本技能之一。

第二节　语音和发音器官

人的发音器官是一条由肺部一直延伸到唇、鼻的形状复杂的"管道",共由三大部分组成。

一、肺、气管和支气管

人的发音器官是一个精细而复杂的系统。肺、气管和支气管等结构在其中扮演着至关重要的角色。

肺是呼吸系统的主要部分,主要功能是提供气流。这个气流不仅是维持生命的基本条件,还是发音的动力来源。在发音时,肺部会呼出气流,通过气管到达声带。这个气流是声带振动的基础,当气流冲击声带时,声带就会产生振动,从而发出声音。

气管和支气管等结构也是发音过程中必不可少的部分。它们的主要功能是通气,确保气流能够顺畅地从肺部流到声带。如果这些结构出现阻塞或异常,就会影响声音的质量和清晰度。此外,气管和支气管还为声带的振动提供动力,使声音能够被调制。

二、口腔、鼻腔和咽腔

口腔、鼻腔和咽腔作为语音的共鸣器官,在发音过程中起到了至关重要的作用。当声带振动产生声音后,这些声音需要在口腔、鼻腔或咽腔中进行共鸣才能被人耳所听到。共鸣腔的形状和大小对声音的共鸣效果有着显著的影响,不同的共鸣腔形状会形成不同的声音。

口腔是调制声音的主要通道,舌头在口腔中的位置和动作可以改变口腔的形状和大小,从而调制出口腔的共鸣效果。例如,当舌头向上移动时,口腔的体积减小,产生高音;当舌头向下移动时,口腔的体积增大,产生低音。因此,通过改变舌头的位置和动作,人们可以调制出口腔的共鸣效果,从而发出各种不同的声音。

鼻腔是另一个重要的共鸣腔,它与口腔相连通。当气流经过鼻腔时,鼻腔的形状和大小也会影响声音的共鸣效果。通过改变鼻腔的共鸣效果,人们可以调制出不同的音色和音质,使声音更加悦耳动听。

咽腔位于口腔和鼻腔的后部,也是语音共鸣的重要器官之一。当气流经过咽腔时,咽腔的结构也会对声音的共鸣效果产生影响。通过改变咽腔的形状和大小,人们可以进一步调制声音的音质和音色。

三、喉头和声带

喉头和声带是人发音的核心部分,它们共同组成了语音的发音器官。喉头位于气管的上方,由甲状软骨、环状软骨、杓状软骨、会厌软骨等组成,它们之间由肌肉连接,共同构成了一个圆筒形的结构。

声带是语音的发音体,它位于喉头的中间位置。声带是由两片富有弹性的带皱褶组成的,它们的前端连接在甲状软骨的内侧上,而后端则分别连在两块杓状软骨上。声带的张力和紧张度可以调节,当气流通过声门时,声带会受到冲击而发生振动,从而产生声音。

声带的振动是产生声音的关键。当肺部呼出的气流通过声门时,气流对声带产生冲击力,使声带发生振动。这种振动产生的声音可以通过口腔、鼻腔和咽腔等共鸣器官进行调制,从而形成各种不同的音调和音质。

喉头和声带的结构非常精细和复杂,它们的配合和调节使人类能够发出各种不同的声音。学习者通过了解和掌握喉头和声带的结构和工作原理,可以更好地掌握正确的发音技巧,提高语言表达和沟通能力。

第三节　呼吸和发声技巧

呼吸和发声技巧是语言表达能力的重要组成部分,它们共同作用,决定了发音的质量和声音的表现力。学习者掌握正确的呼吸和发声技巧可以更好地控制声音,提高语言表达的清晰度、准确性和感染力。

一、呼吸技巧

呼吸是发音的动力来源,正确的呼吸可以为声音提供稳定的气息支持。在语言表达中,呼吸技巧对于声音的控制和表现力起着至关重要的作用。常见的呼吸方法包括腹式呼吸、胸式呼吸和胸腹式呼吸。

（一）腹式呼吸

腹式呼吸是一种深度呼吸方式,通过扩张腹部来吸气,使气息更加深长和稳定。这种呼吸方式能够最大限度地放松肌肉,减少发音时的紧张感,使声音更加自然和流畅。

腹式呼吸的原理是利用横膈膜的运动来扩张腹部，从而吸入更多的空气。当横膈膜下压时，腹部扩张，使空气进入肺部更深的地方。这种呼吸方式可以让气息更加深长、稳定，为声音提供更好的气息支持。在实际应用中，腹式呼吸可以帮助学习者更好地控制气息，使声音更加自然、流畅。

为了掌握腹式呼吸技巧，学习者可以进行一些练习，如深呼吸、缓慢呼气、数数练习等。通过不断练习和实践，可以逐渐掌握腹式呼吸技巧，并将其应用于语言表达中。

（二）胸式呼吸

胸式呼吸注重提高气息的流量，通过扩张胸部来吸气。这种呼吸方式适用于需要爆发力的场合，如演讲、朗诵等。

胸式呼吸的原理是通过扩张胸部来增加空气的吸入量，从而使气息更加饱满。在实际应用中，胸式呼吸可以帮助学习者更好地表现高涨、激昂的情绪，使声音更加有感染力。为了掌握胸式呼吸技巧，学习者可以进行一些练习，如快速吸气、缓慢呼气、高音练习等。

（三）胸腹式呼吸

胸腹式呼吸结合了腹式呼吸和胸式呼吸的优点，能够提供更全面和平衡的气息支持。学习者通过同时扩张腹部和胸部来吸气，使气息更加深长、稳定且有足够的流量。

胸腹式呼吸的原理是通过同时利用横膈膜和胸部的运动来吸入更多的空气。当横膈膜下压时，腹部扩张，胸部也相应扩张，使空气进入肺部更深、更广的地方。这种呼吸方式可以让气息更加深长、稳定且饱满，为声音提供更好的气息支持。在实际应用中，胸腹式呼吸适用于多种语言表达场合，如演讲、朗诵、唱歌等。为了掌握胸腹式呼吸技巧，可以进行一些练习，如深呼吸、控制气息等。

二、发声技巧

发声技巧是通过调节声带的紧张度和共鸣腔的大小来调制声音的音质、音调和音量等。常见的发声技巧包括连音、跳音、轻声、喊声等。

（一）连音

连音是通过调节声带的紧张度来实现声音的连续变化。在语言表达中,连音技巧能够帮助学习者更好地表达语调、语气的变化,使声音更加流畅、自然。要掌握连音技巧,需要控制好声带的紧张度,使声音从一个音调平滑地过渡到另一个音调。在实际应用中,学习者可以进行一些练习,如模仿连续的语言环境、练习不同的语调和语气等。通过不断练习和实践,学习者可以逐渐掌握连音技巧,并将其应用于语言表达中。

（二）跳音

跳音是通过快速地调节声带的紧张度来产生跳跃感。这种技巧常用于表达轻快、活泼的情绪,使声音更加生动和有趣。要掌握跳音技巧,需要控制好声带的紧张度并加快发音的速度。在实际应用中,学习者可以进行一些练习,如模仿儿童说话的语调、练习快节奏的语言等。

（三）轻声

轻声是通过减少气息流量来降低音量,使声音更加柔和、细腻。这种技巧常用于表达温柔、亲切的情感,使声音更加感人。要掌握轻声技巧,需要控制好气息的流量和声带的紧张度。在实际应用中,学习者可以进行一些练习,如模仿低语者说话的声音、练习轻声细语的说话方式等。

(四)喊声

喊声是通过加大气息流量和声带的紧张度来提高音量,使声音更加洪亮、有力。这种技巧常用于需要强调或引起注意的场合,如演讲、宣传等。要掌握喊声技巧,需要加大气息的流量并适当增加声带的紧张度。在实际应用中,学习者可以进行一些练习,如模仿扩音器发出的声音、练习高声说话等。

在语言表达中,呼吸和发声是传递信息和表达情感的重要手段。学习者通过合理运用呼吸和发声技巧,可以更好地传递信息和表达情感,使听众更好地理解和感受所要表达的内容。

第二章 声 母

声母是汉语语音中非常重要的一部分,它是构成音节的主要成分之一。本章将深入探讨汉语普通话的声母系统,包括声母的分类、发音部位、发音方法等方面。通过对声母系统进行详细介绍,可以帮助读者更好地理解和掌握汉语普通话的语音特点,提高发音的准确性和清晰度。同时,本章还将介绍一些方言中常见的声母发音问题,以便读者更好地了解方言与普通话之间的差异,并学习如何纠正不正确的发音。

第一节 声母的内涵

一、声母的概念

声母在汉语中扮演着非常重要的角色,它是构成一个音节开头的辅音。对于汉语普通话来说,辅音声母的数量是 21 个。这些声母有着各自独特的发音方式和发音部位,因此形成了丰富多样的语音组合。然而,并非所有的音节都有声母。有些音节是以元音开头的,这样的音节被称为零声母音节。零声母音节在汉语中有其特殊的地位和作用,它们为语言增添了更多的变化和韵律。

二、声母与辅音的关系

声母和辅音的关系非常密切,但它们是两个不同的概念。声母是音节的一部分,是汉语中一个字音的开头部分,通常由辅音充当。而辅音是发音时气流受阻碍的音素,是构成音节的重要成分。

声母和辅音的发音方式和部位有很多相似之处,但也有一些重要的区别。首先,声母的发音必须有一个固定的音位,即一个具体的辅音音素,而辅音则可以单独出现或与其他元音或辅音组合成音节。其次,声母的发音通常是清脆、明亮的,而辅音的发音则可能带有更多的摩擦或阻力。

在汉语中,辅音可以充当声母,但并不是所有辅音都可以充当声母。普通话中有22个辅音,其中21个可以充当声母,只有舌根鼻辅音ng不能充当声母,但在音节中可以作为韵尾。另外,还有一个舌尖中鼻辅音n,不仅可以用作声母,还可以用作韵尾。

第二节　声母的发音部位

声母的发音部位是指声母在发音时气流受到阻碍的部位。根据发音部位的不同,声母可以分为以下七类。

一、双唇音

双唇音是指由上唇和下唇接触而产生的辅音。在发音时,上唇和下唇紧紧接触,使气流受到阻碍,从而形成独特的语音效果。

普通话中,有三个双唇音声母,分别是b、p、m。这三个音都有着非常明显的双唇接触的发音特点。

第二篇　普通话语音知识

以 b 为例,在发音 b 时,双唇紧闭,然后突然分开,气从双唇间出来,形成带有一定音高的声音。学习者可以通过发音词语"八百"来体会这个双唇音的发音方式。在发音时,学习者会明显感觉到双唇的接触和分开,从而发出这个音。

同样的,p 和 m 的发音方式也类似。在发音 p 时,双唇紧闭,然后突然分开,同时送气,形成带有一定音高的声音。而 m 的发音则是双唇紧闭,然后通过鼻孔出气发音。

通过这些例子,学习者可以更深入地了解双唇音的发音方式和特点。在实际学习和练习中,学习者可以多进行双唇音的发音练习,如反复朗读含有这些声母的词语或句子,逐渐提高发音的准确性和流畅性。同时,也可以借助一些语音工具或者学习资源来辅助学习和练习。

二、唇齿音

唇齿音是指下唇与上齿靠拢,气流通过唇齿之间的缝隙形成摩擦而发出的辅音。在普通话中,唇齿音只有一个声母,即 f。

在发唇齿音时,下唇轻轻贴在上齿的内侧,形成一条狭窄的缝隙。气从唇齿之间的缝隙流出,产生摩擦,发出清晰而独特的音色。

为了更好地体会唇齿音的发音,可以选择一些常见的词语或音节进行尝试。例如,"飞""风"的声母都是唇齿音 f。在发音时,学习者会感觉到下唇与上齿之间的摩擦,这种摩擦声就是唇齿音的特点。学习者通过反复练习唇齿音的发音,可以逐渐掌握其发音技巧。

需要注意的是,唇齿音的发音部位较为特殊,需要适当调整下唇与上齿的位置,控制气流的流出,以达到清晰的发音效果。

三、舌尖前音

舌尖前音是指舌尖与上门齿背接触,使语流受阻而形成的一种辅音。在普通话中,舌尖前音声母有三个,分别是 z、c、s。

在发舌尖前音时,舌尖轻轻抵住上门齿背,形成发音阻碍。气流从舌尖与上门齿背之间的缝隙流出,产生摩擦,发出清晰而独特的音色。

为了更好地体会舌尖前音的发音,可以选择一些常见的词语或音节进行尝试。例如,"总""才""四"的声母分别是舌尖前音 z、c、s。在发音时,通常会感觉到舌尖与上门齿之间的摩擦,这种摩擦声就是舌尖前音的特点。

四、舌尖中音

舌尖中音是指舌尖与上齿龈接触,使语流受阻而形成的一种辅音。在普通话中,舌尖中音声母有四个,分别是 d、t、n、l。

在发舌尖中音时,舌尖抵住上齿龈,形成发音阻碍。气流从舌尖与上齿龈之间的缝隙流出,产生摩擦,发出清晰而独特的音色。

为了更好地体会舌尖中音的发音,可以选择一些常见的词语或音节进行尝试。例如,"大""他""那""了"的声母分别是舌尖中音 d、t、n、l。在发音时,通常会感觉到舌尖与上齿龈之间的摩擦,这种摩擦声就是舌尖中音的特点。

五、舌尖后音

舌尖后音是指舌尖与上前硬腭接触,使语流受阻而形成的一种辅音。在普通话中,舌尖后音声母有四个,分别是 zh、ch、sh、r。

在发舌尖后音时,舌尖翘起抵住上前硬腭,形成发音阻碍。气流从舌尖与前硬腭之间的缝隙流出,产生摩擦,发出清晰而独特的音色。

为了更好地体会舌尖后音的发音,可以尝试选择一些常见的词语或音节进行尝试。例如,"知""吃""诗""日"的声母分别是舌尖后音 zh、ch、sh、r。在发音时,会感觉到舌尖与上前硬腭之间的摩擦,这种摩擦声就是舌尖后音的特点。

六、舌面音

舌面音是指舌面前部与硬腭前部接触,使语流受阻而形成的一种辅音。在普通话中,舌面音声母有三个,分别是j、q、x。

在发舌面音时,舌面前部抵住硬腭前部,形成发音阻碍。气流从舌面前部与硬腭前部之间的缝隙流出,产生摩擦,发出清晰而独特的音色。

为了更好地体会舌面音的发音,可以选择一些常见的词语或音节进行尝试。例如,"机""起""西"的声母分别是舌面音j、q、x。在发音时,会感觉到舌面前部与硬腭前部之间的摩擦,这种摩擦声就是舌面音的特点。

七、舌根音

舌根音是指舌根与软腭接触,使语流受阻而形成的一种辅音。在普通话中,舌根音声母有三个,分别是g、k、h三个音。

在发舌根音时,舌根抵住软腭,形成发音阻碍。气流从舌根与软腭之间的缝隙流出,产生摩擦,发出清晰而独特的音色。

为了更好地体会舌根音的发音,可以选择一些常见的词语或音节进行尝试。例如,"高""卡""哈"的声母分别是舌根音g、k、h。在发音时,会感觉到舌根与软腭之间的摩擦,这种摩擦声就是舌根音的特点。

第三节 声母的发音方法

发音方法是指在发音过程中,如何通过口腔、鼻腔和喉头来控制气流。为了对其进行深入理解,可以从气流的阻碍方式、气流的强度以及声带是否振动三个角度来观察。根据气流受到阻碍的形式，可以将声母分为塞音、擦音、塞擦音、鼻音和边音五大类别。同时，根据发音时气流的强弱，声母可以被分为送气音和不送气音两类。根据声带是否振动，声母可以分为清音和浊音两类。这些分类方式为学习者提供了理解和学习声母的框架，有助于学习者更好地掌握汉语的语音系统。

一、塞音

当发成阻音时，发音部位完全闭合。在持阻阶段，气流会在受阻部位处积聚。除阻时，受阻部位会突然打开，使积聚的气流冲出，爆发破裂成声。普通话中的6个塞音声母为b、p、d、t、g、k。

（一）b[p]

b[p]是一个双唇、不送气、清、塞音。在发音时，需要将双唇紧紧闭合，软腭向上抬起，以阻塞鼻腔的通道。在这个过程中，声带不会产生颤动，而是维持在一个相对静止的状态。随后，一股较弱的气流会冲破双唇的阻碍，发出一个爆发性的声音。这个声音是由气流与双唇的碰撞所产生的，它不带有任何的浊音或送气音的特性。

（二）p[p^h]

p[p^h]是一个双唇、送气、清、塞音。与b[p]相比，主要的区别在于发音时有一股较强的气流。在发音时，同样需要将双唇紧紧闭合，软腭向上抬起，以阻塞鼻腔的通道。声带同样维持在静止状态。但是，当气流冲破双唇的阻碍时，p[p^h]会释放出一股较强的气流，产生一个送气音的效果。这种声音也是由气流与双唇的碰撞产生的，不带有任何浊音的特性。

第二篇 普通话语音知识

（三）d[t]

d[t] 是一个舌尖中、不送气、清、塞音。在发音时，舌尖需要紧紧抵住上齿龈，软腭向上抬起，以阻塞鼻腔的通道。在这个过程中，声带不会产生颤动，而是维持在一个相对静止的状态。随后，一股较弱的气流会冲破舌尖的阻碍，发出一个爆发性的声音。这个声音是由气流与舌尖的碰撞所产生的，它不带有任何的浊音或送气音的特性。

（四）t[tʰ]

t[tʰ] 是一个舌尖中、送气、清、塞音。与 d[t] 相比，主要的区别在于发音时气流较强。在发音时，舌尖同样需要抵住上齿龈，软腭向上抬起，以阻塞鼻腔的通道。声带维持在静止状态。然而，当气流冲破舌尖的阻碍时，t[tʰ] 会释放出一股较强的气流，产生一个送气音的效果。这种声音同样是由气流与舌尖的碰撞所产生的，不带有任何浊音的特性。

（五）g[k]

g[k] 是一个舌面后、不送气、清、塞音。在发音时，舌面后部需要抵住软腭，同时软腭后部向上抬起，以阻塞鼻腔的通道。在这个过程中，声带保持静止状态，不产生颤动。随后，一股较弱的气流会冲破阻碍，发出一个爆发性的声音。这个声音是由气流与舌面后部的碰撞所产生的，它不带有任何浊音或送气音的特性。

（六）k[kʰ]

k[kʰ] 是一个舌面后、送气、清、塞音。与 g[k] 相比，二者主要区别在于发音时的气流强度。在发音过程中，舌面后部同样需要抵住软腭，并且软腭后部会上升以堵塞鼻腔通路。此时，声带保持静止，不发生颤动。然而,当气流冲破舌面后部的阻碍时,k[kʰ]会释放出一股较强的气流,产生送气音的效果。这种声音同样是由气流与舌面后部的碰撞所产生的,不带有任何浊音的特性。

二、擦音

当发成阻音时,发音部位之间的距离非常接近,形成一个适当的间隙。这个间隙的大小和形状使气流可以从中通过,但又不是完全无阻。这个间隙使气流在通过时产生摩擦,形成声音。在持阻阶段,气流会从这个狭窄的缝隙中流过,产生摩擦声。这个摩擦声是持阻阶段的主要特征。当发音结束时,即进入除阻阶段,发音部位的间隙会逐渐打开,气流也随之减弱或停止,声音也随之结束。

普通话中的6个擦音声母是f、h、x、sh、r和s。这些擦音声母在发音时都有类似的成阻、持阻和除阻的过程。例如:在发f音时,上齿和下唇形成一定的间隙,气流从唇齿间摩擦成声;在发h音时,舌根接近软腭,形成一定的间隙,气流从舌根与软腭间摩擦成声;在发x音时,舌面靠近硬腭形成一定的间隙,气流从舌面与硬腭间摩擦成声;在发sh音时,舌尖接近齿龈后部形成一定的间隙,气流从舌尖与齿龈后部间摩擦成声;在发r音时,舌尖卷起接近齿龈后部形成一定的间隙,气流从舌尖与齿龈后部间摩擦成声;在发s音时,舌尖靠近齿龈形成一定的间隙,气流从舌尖与齿龈间摩擦成声。这些擦音声母的发音特征主要表现在摩擦声和气流的强弱上。

(一)f[f]

f[f]是一个唇齿、清、擦音。在发音时,下唇需要接近上齿,形成一个窄缝。同时,软腭向上抬起,以阻塞鼻腔的通道,使气流只能从唇齿间的窄缝中通过。在这个过程中,声带保持静止,不产生颤动。气流从唇齿间的窄缝中挤出,与牙齿和下唇产生摩擦,从而发出声音。这个声音是由气流与唇齿的摩擦所产生的,不带有任何浊音或送气音的特性。

（二）h[x]

h[x]是一个舌面后、清、擦音。在发音时,舌面后部需要接近软腭,并留出窄缝。同时,软腭向上抬起,以阻塞鼻腔的通道。在这个过程中,声带保持静止,不产生颤动。气流从舌面后部和软腭形成的窄缝中挤出,与舌面后部和软腭产生摩擦,从而发出声音。这个声音是由气流与舌面后部和软腭的摩擦所产生的,不带有任何浊音或送气音的特性。

（三）x[ɕ]

x[ɕ]是一个舌面前、清、擦音。在发音时,舌面前部需要接近硬腭前部,并留出窄缝。同时,软腭向上抬起,以阻塞鼻腔的通道。在这个过程中,声带保持静止,不产生颤动。气流从舌面前部和硬腭前部形成的窄缝中挤出,与舌面前部和硬腭前部产生摩擦,从而发出声音。这个声音是由气流与舌面前部和硬腭前部的摩擦所产生的,不带有任何浊音或送气音的特性。

（四）s[s]

s[s]是一个舌尖前、清、擦音。在发音时,舌尖需要接近上齿背,并形成窄缝。同时,软腭向上抬起,以阻塞鼻腔的通道。在这个过程中,声带保持静止,不产生颤动。气流从舌尖和上齿背的窄缝中擦出,产生摩擦声。这个声音是由气流与舌尖和上齿背的摩擦所产生的,不带有任何浊音或送气音的特性。

（五）sh[ʂ]

sh[ʂ]是一个舌尖后、清、擦音。在发音时,舌尖需要上翘并接近硬腭前部，形成一个窄缝。同时，软腭向上抬起，以阻塞鼻腔的通道。在这个过程中，声带保持静止，不产生颤动。气流从舌尖和硬腭前部形成的窄缝中挤出，与舌尖和硬腭前部产生摩擦，从而发出声音。这个声音是由气流与舌尖和硬腭前部的摩擦所产生的，不带有任何浊音或送气音的特性。

（六）r[ʐ]

r[ʐ]是一个舌尖后、浊、擦音。在发音时，舌尖上翘并接近硬腭前部，形成一个窄缝。与sh[ʂ]发音相似，软腭向上抬起以阻塞鼻腔的通道。然而，与sh[ʂ]不同的是，r[ʐ]的摩擦声较为微弱，同时声带产生颤动。当气流通过舌尖和硬腭前部的窄缝时，会发出轻微的摩擦声，并带有一定的浊音特性。

三、塞擦音

塞擦音是一种独特的语音现象，其发音方法结合了塞音和擦音的特点。在发音时，首先需要构成阻碍的两个发音部位完全闭合，形成一个闭塞的状态。随后，强气流冲破这个阻碍，形成一个窄缝，气流从窄缝中挤出并产生摩擦声。这个摩擦声是由于气流与发音部位之间的摩擦所产生的。

塞擦音的发音过程可以分为两个阶段：一是塞音阶段，发音部位完全闭塞，气流被阻塞；二是擦音阶段，气流从窄缝中挤出并产生摩擦声。这个过程前半段类似于塞音，后半段则类似于擦音，因此被称为塞擦音。

普通话声母中有6个塞擦音，分别是z、c、zh、ch、j和q。这些音在发音时都需要综合运用塞音和擦音的发音方法。例如：在发z音时，舌尖抵住上齿龈，形成闭塞，然后气流冲破阻碍，发出摩擦声；在发c音时，舌尖接近硬腭前部，同样形成闭塞，然后气流从窄缝中挤出并产生摩擦声。总体来说，掌握塞擦音的发音方法是语音学习中的重要环节,能够帮助学习者准确发出这些特殊的语音音素。

(一) z[ts]

z[ts] 是一个舌尖前、不送气、清、塞擦音。在发音时,舌尖轻轻地抵住上齿背,形成一个阻碍。同时,软腭向上抬起,以阻塞鼻腔的通道。在这个过程中,声带保持静止,不产生颤动。随后,较弱的气流冲开舌尖与上齿背之间的窄缝,并产生摩擦声。这个摩擦声是由于气流与舌尖和上齿背之间的摩擦所产生的。

(二) c[tsʰ]

c[tsʰ] 是一个舌尖前、送气、清、塞擦音。与 z[ts] 相比,主要的区别在于发音时气流较强。在发音时,舌尖轻轻地抵住上齿背,形成一个阻碍。同时,软腭向上抬起,以阻塞鼻腔的通道。随后,较强的气流冲开舌尖与上齿背之间的窄缝,并产生摩擦声。这个摩擦声是由于气流与舌尖和上齿背之间的摩擦所产生的。

(三) zh[tʂ]

zh[tʂ] 是一个舌尖后、不送气、清、塞擦音。在发音时,舌尖需要上翘并抵住硬腭前部,形成一个阻碍。同时,软腭向上抬起,以阻塞鼻腔的通道。在这个过程中,声带保持静止,不产生颤动。随后,较弱的气流冲开舌尖与硬腭前部之间的窄缝,并产生摩擦声。这个摩擦声是由于气流与舌尖和硬腭前部之间的摩擦所产生的。

(四) ch[tʂʰ]

ch[tʂʰ] 是一个舌尖后、送气、清、塞擦音。与 zh[tʂ] 相比,主要的区别在于发音时气流较强。在发音时,舌尖上翘并抵住硬腭前部,形成一个阻碍。同时,软腭向上抬起,以阻塞鼻腔的通道。随后,较强的气流冲开舌尖与硬腭前部之间的窄缝,并产生摩擦声。这个摩擦声是由于气流与舌尖和硬腭前部之间的摩擦所产生的。

(五)j[tɕ]

j[tɕ]是一个舌面前、不送气、清、塞擦音。在发音时,舌面前部需要抵住硬腭前部,形成一个阻碍。同时,软腭向上抬起,以阻塞鼻腔的通道。在这个过程中,声带保持静止,不产生颤动。随后,较弱的气流冲开舌面前部与硬腭前部之间的窄缝,并产生摩擦声。这个摩擦声是由于气流与舌面前部和硬腭前部之间的摩擦所产生的。

(六)q[tɕʰ]

q[tɕʰ]是一个舌面前、送气、清、塞擦音。与j[tɕ]相比,主要的区别在于发音时气流较强。在发音时,舌面前部抵住硬腭前部,形成一个阻碍。同时,软腭向上抬起,以阻塞鼻腔的通道。随后,较强的气流冲开舌面前部与硬腭前部之间的窄缝,并产生摩擦声。这个摩擦声是由于气流与舌面前部和硬腭前部之间的摩擦所产生的。

四、鼻音

当发音部位完全闭塞,形成阻塞,封闭口腔通路时被称为成阻阶段。这个阶段是发音的起始阶段,发音部位紧密接触,为后续的气流形成阻碍。

在持阻阶段,软腭会自然下垂,打开鼻腔通路,使声带可以颤动。此时,气流在声带的振动下到达口腔和鼻腔,但由于发音部位的阻碍,气流在口腔受到限制。此时,气流会从鼻腔透出,形成声音。这个阶段的特点是气流受到阻碍,但口腔和鼻腔都有声音产生。

当发音部位解除阻碍,即除阻阶段,口腔的阻塞消除,气流得以自由流动。这个阶段是发音的结束阶段,标志着音节的完成。

鼻音是由于鼻腔和口腔的双重共鸣形成的。鼻腔是不可调节的发音器官,因此在鼻音发音时,气流在鼻腔中受到阻碍并产生共鸣,形成鼻音的特殊音质。

普通话声母中有两个鼻音:m 和 n。这两个鼻音在发音时都涉及鼻腔的共鸣。m 音在发音时,双唇闭拢,软腭下垂,气流从鼻腔透出成声;而 n 音在发音时,舌尖抵住上齿龈,软腭下垂,气流从鼻腔透出成声。掌握这两个鼻音的发音方法对于正确掌握普通话语音至关重要。

(一) m[m]

m[m] 是一个双唇、浊、鼻音。在发音时,需要将双唇闭合,形成一个阻碍。同时,软腭会自然下降,使鼻腔畅通。此时,气流会通过声带的振动,从鼻腔中通过,形成鼻音。当发音部位解除阻碍时,余留的气流会冲破双唇的阻碍,发出轻微的塞音。这个塞音是由气流冲破双唇阻碍所产生的。

(二) n[n]

n[n] 是一个舌尖中、浊、鼻音。在发音时,舌尖需要抵住上齿龈,形成一个阻碍。同时,软腭会自然下降,打开鼻腔通路。此时,气流会通过声带的振动,从鼻腔中通过,形成鼻音。当发音部位解除阻碍时,余留的气流会冲破舌尖的阻碍,发出轻微的塞音。这个塞音是由气流冲破舌尖阻碍所产生的。

五、边音

在发音时,舌尖需要与上齿龈(上牙床)稍后的部位接触,形成阻塞,使口腔中间的通道受阻。这种接触使气流受到阻碍,无法直接通过口腔。在持阻阶段,声带会颤动,而气流会从舌头两边与上腭两侧、两颊内侧形成的夹缝中通过。这个过程是舌头两侧与上齿龈两侧形成窄缝,气流从窄缝中挤出,形成边音。当阻碍解除时,即发音结束阶段,舌尖与上齿龈接触的部位会逐渐分离,气流得以自由流动。普通话声母中只有一个舌尖中的边音:l。

l[l] 是一个舌尖中、浊、边音。在发音时,舌尖需要抵住上齿龈,并稍微抬起,形成一个阻碍。这个阻碍使口腔中间的通道受到阻塞,气流无法直接通过口腔。此时,软腭会上升,堵塞鼻腔通路,使气流只能从舌头两边或一边通过。这个过程是舌头两侧与上齿龈两侧形成窄缝,气流从窄缝中挤出,形成边音。当发音结束时,舌尖会逐渐离开上齿龈,阻碍解除,气流得以自由流动。

六、送气音

送气音是指发音时呼出的气流较强的音。在普通话声母中,共有 6 个送气音,分别是 p、t、k、q、c 和 ch。这些音的发音特点是在发音时需要有较强的气流冲破发音部位的阻碍,使声音清晰有力。这些送气音的发音方法有助于清晰地传递语音信息。正确掌握送气音的发音技巧对于提高语音质量和口语表达能力非常重要。

七、不送气音

不送气音是指发音时呼出的气流较弱的音。在普通话声母中,共有 6 个不送气音,分别是 b、d、g、j、z、zh。这些音的发音特点是在发音时呼出的气流相对较弱,没有像送气音那样有明显的气流冲出口腔的过程。

八、清音

清音是指发音时声带不振动的音。在普通话声母中,共有 17 个清音,它们分别是 b、p、f、d、t、g、k、h、j、q、x、z、c、s、zh、ch、sh。这些清音的发音特点是在发音时声带不产生振动,气流通过发音部位时不会受到阻碍。

九、浊音

浊音是指发音时声带振动的音。与清音不同,浊音在发音时声带会进行振动,产生声音。在普通话声母中,共有四个浊音,它们分别是 m、n、l 和 r。这些浊音的发音特点是在发音时声带会产生振动,气流通过发音部位时受到阻碍。

概括来说,声母的不同是由发音部位和发音方法的不同决定的。普通话 21 个辅音声母及其发音情况,可参看《普通话辅音声母总表》(表 2-1)。

表 2-1 普通话辅音声母总表

发音方法		发音部位	双唇音	唇齿音	舌尖前音	舌尖中音	舌尖后音	舌面音	舌根音
塞音	清	不送气	b[p]			d[t]			g[k]
		送气	p[pʰ]			t[tʰ]			k[kʰ]
塞擦音	清	不送气			z[ts]		zh[tʂ]	j[tɕ]	
		送气			c[tsʰ]		ch[tʂʰ]	q[tɕʰ]	
擦音	清			f[f]	s[s]		sh[ʂ]	x[ɕ]	h[x]
	浊						r[ʐ]		
鼻音	浊		m[m]			n[n]			
边音	浊					l[l]			

43

第四节　声母发音辩证

一、z、c、s 和 zh、ch、sh 的辨正

在汉语普通话中，z、c、s 和 zh、ch、sh 是两组相似的声母，它们的发音部位和发音方法基本相同，但存在一些细微的差别。正确区分和掌握它们的发音对于提高学习者的口语表达能力和听力理解能力具有重要意义。

（一）发音特点与物理机制

z、c、s 是舌尖前音，发音时舌尖轻轻抵住上齿龈，舌位较低，舌中部稍微抬起，口腔中的气流比较轻缓。zh、ch、sh 是舌尖后音，发音时舌尖翘起，抵住硬腭前部，舌位较高，舌中部稍微抬起，口腔中的气流比较急促。这两种发音方式的差异主要在于发音部位和气流控制。

（二）辨正方法与实践应用

为了正确区分和掌握 z、c、s 和 zh、ch、sh 的发音，可以从以下几个方面进行辨正。

1. 掌握正确的发音部位

在练习时，可以用手指按住上齿龈，发出 z、c、s 音，然后慢慢放松手指，逐渐过渡到 zh、ch、sh 音。同时，要注意舌位的调整，zh、ch、sh 的舌位比 z、c、s 要高一些。通过反复练习，练习者可逐渐掌握正确的发音部位。

2. 注重发音时的气流控制

用较轻的气流发出 z、c、s 音,然后逐渐加大气流,过渡到 zh、ch、sh 音。同时,要注意气流的均匀和稳定。通过控制气流,练习者可以更好地掌握它们的发音技巧和规律。

3. 结合实际语言运用进行练习

多读一些包含 z、c、s 和 zh、ch、sh 的词语或句子,可以帮助自己更好地掌握它们的发音技巧和规律。同时,也可以找一些方言口音比较重的人进行交流,通过实际对话来提高自己的辨正能力。

绕口令在语音辨正中是一种非常有效的方法,特别是对于区分一些相近的音素,如 z、c、s 和 zh、ch、sh。多读多练以下绕口令,可以帮助练习者更好地体会声母的发音差异。

"四是四,十是十,十四是十四,四十是四十。"这个绕口令可以帮助练习者区分清音 s 和浊音 sh。

"吃葡萄不吐葡萄皮,不吃葡萄倒吐葡萄皮。"

"三山屹四水,四水绕三山;三山四水春常在,四水三山四时春。"

"知之为知之,不知为不知,不以不知为知之,不以知之为不知,唯此才能求真知。"

在练习绕口令时,要注意发音准确,语速由慢到快。初学者可以先慢速朗读,等熟练后再逐渐加快速度。此外,还可以结合录音或视频进行学习,将自己的发音与标准发音进行对比,找出不足之处并加以改进。通过不断的练习和反思,练习者可以更好地掌握 z、c、s 和 zh、ch、sh 的发音技巧,提高自己的普通话水平。

4. 多听多模仿

多听标准普通话的录音或看标准普通话的视频,模仿他们的发音。同时,也可以找一些方言口音比较重的人进行交流,通过实际对话来提高自己的辨正能力。

5. 强化语音训练

可以通过专业的语音训练课程或者语音训练软件进行有针对性的训练。这些训练通常会提供详细的语音指导和大量的练习机会，帮助练习者更好地掌握这些声母的发音技巧。

6. 反馈与修正

在练习过程中，要时刻注意自己的发音，并及时进行反馈和修正。可以请他人帮助听辨或者使用录音设备将自己的发音记录下来进行对比分析，找出不足之处并加以改进。通过不断反馈与修正，练习者可以逐渐完善自己的发音技巧。

二、n 和 l 的辨正

普通话中的 n 和 l 是两个不同的音素，它们在发音上存在明显的差异。n 是一个鼻音，当发这个音时，气流会通过鼻腔流出，而 l 是一个边音，气流则会通过口腔从舌头的两侧流出。虽然它们的发音部位都是由舌尖抵住上齿龈构成阻碍，但它们的气流通道和发音方式有所不同。

在我国，许多方言区的人们往往难以区分 n 和 l 这两个音素。这些方言区包括赣方言、闽方言、西南方言和江淮方言等。有些方言区的人们可能只有 n 没有 l，或者只有 l 没有 n，这使他们在发音时常常会将 n 和 l 混淆。例如，成都话中，"呢子（nízi）"和"梨子（lízi）"的发音没有区别，因为成都话中没有 l 这个音素。而南京话中，"男制服"和"蓝制服"的发音是一样的，因为南京话中没有 n 这个音素。

还有一些方言区的人们对于 n 和 l 的发音存在部分相混的情况。例如，南昌话中，"你（nǐ）"和"李（lǐ）"的发音是不同的，这说明南昌话中 n 和 l 是分立的。然而，南昌话中的"怒（nù）"和"路（lù）"的发音却是相同的，这表明南昌话中存在一部分 n 和 l 相混的情况。

在某些方言区，人们甚至会随意地将 n 和 l 读作同一个音。例如，在兰州话中，"恼人（nǎorén）"和"老人（lǎorén）"的发音是一样的，无法区分它们的发音差异。这种情况的存在往往会影响到人们的日常交际。

为了正确地区分 n 和 l 两个音素,需要掌握它们的正确发音方法并进行反复练习,并且要牢记常用字中哪些是 n 声母字,哪些是 l 声母字。具体来说,可以采用以下几种方法来记忆。

(一)记少不记多

在常用汉字中,n 声母字相对较少,而 l 声母字则相对较多。有些韵母与 n 声母的拼读只有一个字,如"嫩"字的韵母是 en,而"您"字的韵母是 in。这意味着如果记住了这些与 n 声母拼读的汉字,就可以轻松地推断出其他汉字的声母是 n 还是 l。

具体来说,当某个字的韵母是 en 时,其声母很可能是 n,因为只有"嫩"字是这样拼读的。同样,当某个字的韵母是 in 时,其声母很可能是 n,因为只有"您"字是这样拼读的。

这种方法可以帮助学习者更快速地记忆和区分 n 和 l 这两个音素。通过掌握这些规律,学习者可以更加准确地判断汉字的声母是 n 还是 l,从而提高学习者的普通话发音准确性。

(二)利用声韵配合规律

在普通话中,n 可以与大多数的韵母相拼,而 l 则不能与部分韵母相拼。因此,可以结合声韵配合规律来记忆。例如,当某个字的声母是 n 时,它可能与大多数的韵母相拼;而当声母是 l 时,它可能与较少的韵母相拼。通过这种规律,可以更好地记忆和区分 n 和 l。

(三)利用偏旁进行类推

汉字中有很多形声字,它们的偏旁往往与其读音有一定的关联。因此,可以通过偏旁来推断某个字的发音。例如,"娘"字的偏旁是

"女",其发音是 niáng;"浪"字的偏旁是"水",其发音是 làng。通过这种偏旁类推的方法,可以更好地记忆和区分 n 和 l。

(四)辨正绕口令

绕口令是一种非常有趣且富有挑战性的练习方式,可以帮助学习者提高语音的敏感度和发音的准确性。当学习者选择包含 n 和 l 的绕口令进行练习时,可以通过反复朗读来区分这两个音素之间的细微差异。

例如,可以选择以下包含 n 和 l 的简单绕口令。

梁大娘家盖新房

梁家庄有个梁大娘,
梁大娘家盖新房。
大娘邻居大老梁,
到大娘家看大娘,
赶上大娘家上大梁,
老梁帮着大娘扛大梁,
大梁稳稳当当摆上墙,
大娘高高兴兴谢老梁。

牛郎恋刘娘

牛郎年年恋刘娘,
刘娘连连念牛郎;
牛郎恋刘娘,
刘娘念牛郎,
郎恋娘来娘念郎。

刘小柳和牛小妞

路东住着刘小柳,
路南住着牛小妞。

刘小柳拿着九个红皮球,
牛小妞抱着六个大石榴。
刘小柳把九个红皮球送给牛小妞,
牛小妞把六个大石榴送给刘小柳。
牛小妞脸儿乐得像红皮球,
刘小柳笑得像开花的大石榴。

此外,绕口令还可以帮助学习者提高口语的流利度和速度。通过不断练习和挑战,学习者可以逐渐提高自己的口语能力,使自己的发音更加清晰和准确。

三、f 和 h 的辨正

在普通话中,f 和 h 这两个音素分立得十分清晰。尽管它们都是擦音,也就是说发音时气流会从发音部位挤出并产生摩擦,但它们的发音部位有所不同。具体来说,f 是一个唇齿音,在发音时需要下唇与上齿接触;而 h 则是舌根音,发音时舌根需要抬起并与软腭接触。

值得注意的是,在一些方言中,f 和 h 这两个声母的区分并不总是那么明确。有些方言可能只有 f 而没有 h,这就导致人们会把"呼(hū)"误读为"夫(fū)"。反之,有些方言可能只有 h 而没有 f,从而导致"扶(fú)"被读作"胡(hú)"。还有一些方言中,f 和 h 两套声母的发音完全相同,如长沙话中的"开花(kāihuā)"和"开发(kāifā)"发音是一样的。而在上海浦东话中,部分普通话中属于 f 声母的字被读作了 h 声母。

对于那些在方言中无法清晰区分 f 和 h 的人来说,学习普通话除了需要清楚地了解这两个音素的发音部位,记住哪些字是 f 声母,哪些是 h 声母之外,还可以采用一些实用的方法来加强练习。通过不断实践和学习,他们可以逐渐掌握普通话中 f 和 h 的正确发音,从而提高普通话的发音准确性。

（一）利用声韵配合规律

对于那些在方言中无法清晰区分 f 和 h 的人来说，利用普通话的声韵配合规律是一个有效的学习方法。通过了解并掌握这些规律，学习者可以更好地区分 f 和 h 这两个音素。

普通话中的 f 声母有一个显著的特点，那就是它只与合口呼韵母中的 u 相拼。这意味着当遇到以 u 为韵母的字时，如果其声母是 f，那么这个字在普通话中就一定是 f 声母。例如，"夫（fū）""俘（fú）"等。

相比之下，h 声母则可以与合口呼中的其他韵母相拼。这意味着当遇到其他以 u 以外的韵母为结尾的字时，如果其声母是 h，那么这个字在普通话中就一定是 h 声母。例如，"花（huā）""回（huí）""黄（huáng）"等。

另外，f 并不与 ai、ao 相拼。因此，如果在方言中有人将一些以 ai、ao 为韵母的字读作 fai、fao，那么这些字在普通话中应该是 hai、hao。例如，"海（hǎi）""还（hái）""好（hǎo）""号（hào）"等。

通过利用这些声韵配合规律，学习者可以更加明确地分辨出 f 和 h 两个音素，从而提高普通话发音的准确性。同时，这种方法也有助于学习者更好地掌握普通话的语音体系，从而更加自信地使用普通话进行交流。

（二）利用汉字偏旁类推

分辨 f 和 h 的辨正方法中，利用偏旁进行类推是一种非常实用的方法。根据这种方法，可以列举出一些常见的 f 和 h 声母的字，以供参考。

f 声母字表：夫（fū）、甫（fǔ）、飞（fēi）、伏（fú）、弗（fú）、俘（fú）、复（fù）、富（fù）、妃（fēi）、扉（fēi）、废（fèi）、附（fù）、副（fù）、赋（fù）、赴（fù）、伏（fú）等。

h 声母字表：胡（hú）、罕（hǎn）、华（huá）、黄（huáng）、户（hù）、好（hǎo）、号（hào）、合（hé）、海（hǎi）、火（huǒ）、获（huò）、或（huò）、

后（hòu）等。

需要注意的是，以上列举的只是部分常见的 f 和 h 声母字，实际上还有很多其他的字的发音也会用到这两个声母。此外，方言区的发音习惯可能会对声母的分辨造成一定的影响，因此在实际使用中还需结合具体情况进行判断和纠正。

（三）辨正绕口令

绕口令是一种非常有趣且有效的语言练习方式，可以帮助学习者更好地分辨和掌握 f 和 h 这两个音素。以下是一些包含 f 和 h 的绕口令，通过练习这些绕口令，学习者可以更加清晰地体会 f 和 h 的发音差异，并提高学习者的普通话发音水平。

画凤凰

粉红墙上画凤凰，
凤凰画在粉红墙，
红凤凰，
粉凤凰，
粉红凤凰，
花凤凰。

化肥会挥发

黑化肥发灰，
灰化肥发黑。
黑化肥发灰会挥发，
灰化肥挥发会发黑。
黑化肥挥发发灰会花飞，
灰化肥挥发发黑会飞花。
黑灰化肥会挥发发灰黑讳为花飞，
灰黑化肥会挥发发黑灰为讳飞花。
黑灰化肥灰会挥发发灰黑讳为黑灰花会飞，

灰黑化肥会会挥发发黑灰为讳飞花化为灰。

黑化黑灰化肥灰会挥发发灰黑讳为黑灰花会回飞，

灰化灰黑化肥会挥发发黑灰为讳飞花回化为灰。

通过反复练习这些绕口令，学习者可以更加熟练地掌握 f 和 h 的发音方法，从而提高学习者分辨这两个音素的能力。

四、j、q、x 和 g、k、h 的辨正

对于 j、q、x 和 g、k、h 的辨正，可以从以下几个方面进行练习和纠正。

第一，要明确它们的发音部位。j、q、x 是舌面前音，发音时舌位较高，舌尖抵住下齿龈，舌面前部接近硬腭前部。而 g、k、h 是舌根音，发音时舌位较低，舌根抬起，与软腭接触。通过明确发音部位的不同，可以更好地掌握它们的正确发音。

第二，要注意它们的发音方法。在发舌面前音 j、q、x 时，气流受阻于舌面与硬腭之间，发出清晰的声音。而发舌根音 g、k、h 时，气流受阻于舌根与软腭之间，发出浑浊的声音。通过体会不同的发音方法，可以更好地分辨 j、q、x 和 g、k、h 的差异。

第三，在实际练习中，可以采用对比辨音练习，如"讲（jiǎng）——江（jiāng）""丘（qiū）——区（qū）""闲（xián）——憨（hān）"等。通过对比这些音节的发音，可以更好地体会 j、q、x 和 g、k、h 的发音差异。

第四，还可以采用辨记例词的方法来区分 j、q、x 和 g、k、h。例如，"坚决（jiānjué）——健康（jiànkāng）""奇怪（qíguài）——魁梧（kuíwú）""呼吸（hūxī）——糊涂（hútú）"等。通过记忆这些例词，可以更加清晰地分辨 j、q、x 和 g、k、h 的发音。

第五，多听多说多练习是分辨 j、q、x 和 g、k、h 的关键。可以通过听录音、看视频等方式加强听力训练，同时结合绕口令、诗歌朗诵等练习来提高对 j、q、x 和 g、k、h 的分辨能力。在练习过程中，要不断纠正自己的发音错误，反复练习，直到能够准确熟练地发出正确的音素为止。

五、zh、ch、sh 和 j、q、x 的辨正

在普通话中,舌尖后音 zh、ch、sh 是常见的音素,它们在发音时需要将舌尖翘起,接触或接近硬腭前部。然而,在一些方言区,尤其是西南官话和湘方言地区,如武汉话和长沙话,这些舌尖后音的一部分合口呼字被念成了 j、q、x。例如,在武汉话和长沙话中,"准(zhǔn)"被念成了 jǔn,"蠢(chǔn)"被念成了 qǔn,"顺(shùn)"被念成了 xùn。这种发音差异可能导致沟通困难和理解偏差。为了纠正这种发音问题,这些方言地区的居民需要注意改读这些常用字。以下是一些常见的例子。

zh:抓(zhuā)、专(zhuān)、猪(zhū)、主(zhǔ)、煮(zhǔ)、注(zhù)

ch:出(chū)、揣(chuāi)、传(chuán)、船(chuán)、穿(chuān)、川(chuān)、厨(chú)、纯(chún)、春(chūn)

sh:拴(shuān)、书(shū)、鼠(shǔ)、树(shù)、殊(shū)、暑(shǔ)、刷(shuā)、帅(shuài)、水(shuǐ)

对于这些常见的字,方言地区的人们需要特别注意它们的正确发音,尽量避免将 zh、ch、sh 发成 j、q、x。通过不断练习和纠正,他们可以逐渐改变这种发音习惯,从而提高普通话的发音准确性。

六、浊音和清音的辨正

在普通话中,浊音声母仅有 m、n、l、r 这四个,其中 m 和 n 是鼻音,l 是边音,r 是擦音。与其他清声母相比,这些浊音声母在发音时声带会振动。然而,在某些方言中,如吴方言和湘方言,仍然保留着中古汉语的一些浊辅音,这意味着与清声母 b、d、q、zh、z、s 等相配的浊声母存在。

以苏州话为例,发现在"拜"(中古清声母"帮"母)与"败"(中

古浊声母"并"母）之间存在明显的差异。同样地，"冻"（中古清声母"端"母）与"洞"（中古浊声母"定"母）之间也有明显的区别。对于这些方言区的居民来说，为了学好普通话中的 b、d、g、j、zh、z、s 这七个声母，他们需要特别注意将浊音改为相应的清音。

要实现这一目标，就需要了解浊音和清音之间的根本区别。在发音时，浊音声带的振动会发出声音，而清音则是声带不振动。因此，要区分这两种发音，学习者需要学会自觉地控制声带的振动。通过反复练习和实践，方言区的居民可以逐渐将浊音转变为清音，从而更加准确地发出普通话中的这些声母。

七、r 的辨正

在普通话中，r 声母的发音是一个相对复杂的过程。要发出这个音，舌尖需要翘起，并靠近硬腭的前部。舌尖与硬腭之间需要留有一定的缝隙，这样气流才能从缝隙中挤出，并产生摩擦，从而发出清晰而准确的 r 音。例如，在普通话中，"肉""热""让""人""荣"等字的声母就是 r。然而，在方言中，r 声母的发音往往与普通话存在较大的差异。这是由于方言的发音习惯和语音系统与普通话有所不同，导致 r 声母的发音出现了各种变化。

在某些方言区，如厦门、扬州等地，人们往往无法区分 r 和 l 这两个音。他们会把"肉（ròu）"说成"漏（lòu）"，把"揉（róu）"说成"楼（lóu）"。这种混淆给日常交流带来了很大的不便，因为人们无法准确理解对方所说的内容。

在我国东北、山东和南方的一些方言区，r 与 i 的发音也存在混淆的情况。例如，东北人常常把"人民（rénmín）"说成"银民（yínmín）"。这是因为这些方言区的发音没有翘舌音，舌尖不会翘起来，而是把舌尖抵在了下齿背后，因此就发出了近似元音 i 的音。

当 r 声母字与 u 或以 u 开头的韵母相拼时，在一些方言中会发生特殊的音变。例如，在济宁话中，"瑞"（ruì）会被读成 vèi；在西安话中，"若（ruò）"会被读成 vò。同时，除 ong 韵外，其他韵母往往会丢失 u 的发音。

另外，部分 r 声母字在某些方言中还会被读成其他音。例如，在重庆话中，"染"（rǎn）会被读成 zɑn（上声）；在山东聊城话中，"肉"（ròu）会被读成 zou（去声）。

还有一些方言区的方言，如汉口话，其中部分 r 声母字会被读作 n。例如，"热"（rè），在汉口话中读作 [nɣ]（阳平）；"让"（ràng），在汉口话中读作 [naŋ]（去声）。

对于这些方言区的人们来说，学习普通话的 r 声母字需要付出更多的努力。除了要掌握正确的发音方法，他们还需要了解自己方言与普通话的语音差异和变化规律。通过不断练习和纠正，他们可以提高自己的普通话水平，更好地融入以普通话为通用语的交流环境中。

第三章 韵 母

韵母是汉语语音中至关重要的一部分,是构成音节的核心元素。在汉语中,一个音节通常由声母和韵母组成,韵母则由韵头、韵腹和韵尾三部分构成。韵母的发音和变化规律对于语言的准确表达和理解具有重要的作用。

第一节 韵母的内涵

韵母作为汉语语音的核心组成部分,其内涵深邃而丰富。它不仅是构成音节的基础,更是传达语义和情感的重要元素。在汉语中,一个字的音节主要由声母和韵母两部分组成,而韵母在决定音节的音调和韵律方面有着重要的作用。

首先,韵母的发音直接影响到语音的和谐与美感。汉语的韵律之美很大程度上来源于各种韵母的组合和变化。不同的韵母组合会形成不同的音节结构和节奏感,从而影响语言的音乐性和表达力。比如,在古诗词中,韵母的运用对于形成优美的韵律和节奏起到了至关重要的作用。

其次,韵母在表达情感方面也具有独特的功能。同样的一个字,由于韵母的不同,其发音的情感色彩可能会有很大的差异。例如,

"ai"这个韵母通常给人一种高昂、明亮的感觉,而"ao"这个韵母则给人一种饱满、厚重的感觉。这种音调与情感的对应关系并非偶然,而是经过了长期的语言实践和演变形成的。因此,在语言的运用中,韵母的选择和运用对于表达思想、情感和塑造语言形象等方面都起到了重要的作用。

最后,韵母的发音也是方言与普通话之间差异的一个重要体现。由于方言的发音习惯和语音系统与普通话有所不同,导致方言区的居民在韵母发音上往往存在一些困难。因此,对于方言区的人来说,学习和掌握普通话的韵母系统是一项重要的任务,也是提高普通话发音准确性的关键。

综上所述,韵母在汉语语音中占据着举足轻重的地位。它不仅是构成音节的基础,还承载着丰富的语义和情感信息。深入了解和掌握韵母的内涵,对于提高普通话的发音质量、增强语言的表达力和美感具有重要的意义。同时,对于方言区的居民来说,学习和纠正韵母发音也是提高普通话水平的关键步骤之一。通过不断练习和纠正,人们可以逐渐克服方言对普通话发音的影响,提高自己的普通话水平,从而更好地融入以普通话为通用语的交流环境中。

第二节　韵母的分类

普通话中总共有39个韵母,这些韵母可以根据内部结构以及开头元音的发音特征来进行分类。

一、根据内部结构进行分类

根据韵母的内部结构,可以将韵母分为单元音韵母、复元音韵母和带鼻音韵母三类。

（一）单元音韵母

单元音韵母，简称单韵母，是由单元音构成的韵母。单元音是指发音时舌位、唇形及开口度始终不变的元音。在普通话中，单元音韵母共有 10 个，包括 7 个舌面单元音韵母和 3 个特殊元音韵母。

7 个舌面单元音韵母分别是：a、o、e、ê、i、u、ü。这些元音既可以单独作为韵母，也可以与其他元音组合成复韵母。例如，"ai" 是由舌面元音 "a" 和 "i" 组成的复韵母。

3 个特殊元音韵母分别是：舌尖元音韵母 -i（前）[ɿ] 和 -i（后）[ʅ]，以及卷舌元音韵母 er。这些元音不是舌面元音，因此在发音上有一些特殊之处。例如，舌尖元音 -i（前）[ɿ] 和 -i（后）[ʅ] 分别出现在声母为 z、c、s 和 zh、ch、sh、r 的字中，而卷舌元音 er 则出现在儿化音中。

（二）复元音韵母

复元音韵母是汉语中一种特殊的韵母，它由两个或三个元音复合而成。与单元音韵母不同，复元音韵母的发音过程中舌位和唇形都有所变化，因此发音更为丰富和多样。

在普通话中，有 13 个复元音韵母，包括 ai、ei、ao、ou、ia、ie、ua、uo、üe、iao、iou、uai、uei。这些韵母的发音特点如下。

第一，复元音韵母中的元音有主次之分。在每个复元音韵母中，有一个元音是主要的，它在发音时比较清晰响亮，这个元音叫作主要元音韵母。其他元音在发音过程中逐渐过渡到主要元音，形成一个完整的发音过程。例如，在韵母 ai 中，主要元音是 a；在韵母 ei 中，主要元音是 e。

第二，复元音韵母的发音是一个滑动的过程。在发音过程中，舌位的高低前后、口腔的开闭以及唇形的圆展都是逐渐变动的。这个滑动过程使复元音韵母的发音具有动态和连续性。例如，在韵母 uo 中，发音从 u 滑向 o，中间经过了无数个过渡音，形成了一个完整的发音过程。

第三,不同的复元音韵母有不同的滑动动程。有的韵母的滑动动程较长,如 ai、ao、ia 等;而有的韵母的滑动动程较短,如 ou、ei、uo 等。这种动程的差异使复元音韵母的发音更加丰富多样。

有的韵母可以分为韵头、韵腹和韵尾。韵头,也叫介音或介母,是韵腹前面的元音,发音轻短。在普通话中,韵头有 i、u、ü 三个,都是高元音。韵头的作用是对韵腹的发音进行引导和过渡,它在复元音韵母的发音中起到重要的作用。

韵腹是韵母中的主要元音,也是韵母发音中最清晰响亮的音素。在单韵母中,韵腹就是整个韵母的发音;而在复元音韵母中,只有一个元音时这个元音就是韵腹。韵腹是韵母的主干,它的发音直接影响到整个韵母的音色和音调。在普通话中,常见的韵腹包括 a、o、e、ê 等元音。

除了韵头和韵腹外,还有一些音素位于韵腹之后,被称为韵尾。在复元音韵母中,韵尾可以是元音或辅音。复元音韵母中的元音韵尾包括 i、u(o),而鼻韵母中的辅音韵尾则包括 n、ng。这些韵尾的发音较为轻短,主要起到调整韵母音调和节奏的作用。

根据韵腹的位置,复元音韵母可以分为前响复元音韵母、中响复元音韵母和后响复元音韵母。前响复元音韵母的韵腹位于前面,有 ai、ei、ao、ou 四个;中响复元音韵母的韵腹位于中间,有 iao、iou、uai、uei 四个;后响复元音韵母的韵腹位于后面,有 ia、ie、ua、uo、üe 五个。这些不同类型的复元音韵母在发音和用法上都有其独特的特点和规律。

(三)带鼻音韵母

带鼻音韵母是汉语中一种特殊的韵母,它由一个或两个元音带上作韵尾的鼻辅音结合而成。这种韵母的发音带有明显的鼻腔共鸣,因此具有独特的音响效果。

带鼻音韵母由元音和鼻辅音韵尾 n、ng 构成。其中,带前鼻音韵尾 n 的韵母叫前鼻音韵母,而带后鼻音韵尾 ng 的韵母叫后鼻音韵母。

在普通话中，一共有 16 个带鼻音韵母，其中前鼻音韵母有 8 个，包括 an、ian、uan、üan、en、in、uen、ün 等；后鼻音韵母也有 8 个，包括 ang、iang、uang、eng、ing、ueng、ong、iong 等。这些鼻音韵母在汉语语音中具有重要的作用，它们能够丰富语言的表现力，增强语言的美感。

带鼻音韵母的发音特点主要表现在以下两个方面。

第一，元音和鼻辅音的结合使发音时气流不仅从口腔流出，还要通过鼻腔，产生鼻腔共鸣。这种共鸣使发音带有明显的鼻音色彩，听起来更加浑厚、柔和。

第二，不同的元音和鼻辅音组合会形成不同的音色和音调，从而丰富了语言的音响效果。

二、根据开头元音的发音特点进行分类

根据韵母开头元音的发音特点，可以把韵母分成"四呼"——开口呼、齐齿呼、合口呼、撮口呼。

（一）开口呼

开口呼是汉语拼音中一种特殊的韵母类别，它的发音特点是在口腔开度较大的情况下进行发音。这意味着在发音时，舌头的位置相对较放松，口腔的空间较大，气流顺畅通过。

不是以 i、u、ü 为韵母或是不以这些元音开头的韵母都属于开口呼。例如，a、o、e、ê、ai、uo 等都属于开口呼的范畴。这些元音的发音特点是口腔开度较大，舌位相对较低，声音较为开放和洪亮。

开口呼的发音在汉语语音中具有重要的作用。由于它的口腔开度较大，发音时气流顺畅，声音响亮，因此在汉语的口语和朗读中经常使用。同时，开口呼的发音也具有一定的音乐性和美感，能够丰富语言的音响效果，增强语言的艺术表现力。

（二）齐齿呼

齐齿呼是汉语拼音中一种特殊的韵母类别，它的发音特点是在发音时上齿和下齿几乎对齐。这种发音方式使舌头的前部能够轻松地接触到上齿龈，形成一个较为一致的发音口型。

凡是 i 或以 i 起头的韵母都属于齐齿呼的范畴。这意味着在发音时，舌位较高，嘴唇稍微向两侧拉开，形成一种类似于微笑的口型。例如，i、ia、ie、ian、iao、iou、iang 等都属于齐齿呼的韵母。

齐齿呼的发音在汉语语音中具有重要的作用。由于舌位较高，发音时口腔空间较小，气流受到一定的限制，声音较为集中和尖锐。

了解齐齿呼的发音特点和规律对于提高普通话的发音质量和语音美感具有重要意义。对于方言区的人们来说，学习和纠正齐齿呼的发音也是提高普通话水平的关键步骤之一。通过练习和实践，可以逐渐掌握齐齿呼的发音技巧，从而更好地运用汉语进行交流和表达。

（三）合口呼

合口呼是汉语拼音中一种特殊的韵母类别，它的发音特点是在发音时双唇合拢，呈圆形。这种发音方式使舌头的前部能够轻松地接触到口腔中部，形成一个较为一致的发音口型。

凡是 u 或以 u 起头的韵母都属于合口呼的范畴。这意味着在发音时，舌位较高，嘴唇收拢成圆形，形成一个相对封闭的发音通道。例如，u、ua、uo、uai、uei、uan、uang、ueng 等都属于合口呼的韵母。

（四）撮口呼

撮口呼是汉语拼音中一种具有特殊发音特点的韵母类别。在发音时，双唇撮拢，呈现圆形的口型，这种独特的发音方式使舌头的位置能够轻松地接触到口腔中部，形成一个相对一致的发音口型。这种发音方式使声音能够得到集中和清晰的传递,具有较高的辨识度。

撮口呼的韵母都是ü或以ü起头,这意味着在发音时,舌位较高,嘴唇收拢成圆形,形成一个相对封闭的发音通道。这种发音方式使声音在口腔内部得到充分的共鸣和共振,从而产生一种圆润、悦耳的音响效果。

撮口呼的韵母包括üe、üan、ün等,这些韵母在汉语中具有一定的特殊性和辨识度。它们的发音方式和音响效果使语言更加丰富和多彩,为汉语的语音增添了独特的魅力。

对于学习普通话的人来说,掌握撮口呼的发音特点和规律是提高普通话发音质量和语音美感的重要一环。通过不断练习和实践,人们可以逐渐掌握撮口呼的发音技巧,从而更好地运用汉语进行交流和表达。

第三节 韵母的发音方法

一、单元音韵母的发音

(一)舌面单元音韵母的发音

舌面单元音韵母的发音取决于多个因素,包括舌位的高低、舌位的前后以及唇形的圆展。

首先,舌位的高低对于元音的发音有着显著的影响。当舌位抬高时,开口度减小,发出的元音音质更加集中、明亮;而当舌位降低时,开口度增大,发出的元音音质更加宽厚、开放。根据舌位的高低和开口度的大小,可以将元音分为高元音(如i、u、ü)、半高元音(如e、o)、半低元音(如ê)、低元音(如a)等类型。

其次,舌位的前后也是影响元音发音的因素之一。根据舌位的前后,可以将元音分为前元音(如 i、ü)、央元音(如 e[ə])和后元音(如 u、o)。前元音的发音舌位靠前,声音较尖锐;央元音的发音舌位居中,声音较为平衡;后元音的发音舌位靠后,声音较浑厚。

最后,唇形的圆展也是影响元音发音的因素之一。根据唇形的圆展,可以将元音分为圆唇元音(如 ü、o)和不圆唇元音(如 i、a)。在发圆唇元音时,嘴唇呈圆形,声音较为集中;而在发不圆唇元音时,嘴唇呈扁平状,声音较为开放。

下面将逐个对舌面单元音韵母的发音进行简要介绍。

1.a[A]

a[A] 是一个舌面、央、低、不圆唇元音,其发音特点是开口度较大,舌位较低,舌头位于口腔中央,唇形不呈圆形。为了更好地体会 a[A] 的发音,可以参考以下例子。

妈妈(mā ma)

爸爸(bà ba)

爬坡(pá pō)

喇叭(lǎ ba)

拖拉机(tuō lā jī)

通过朗读这些拼音词语,可以感受到 a[A] 的发音特点。通过不断练习和实践,可以逐渐掌握 a[A] 的发音技巧,从而更好地运用汉语进行交流和表达。

2.o[o]

o[o] 是一个重要的舌面、后、半高、圆唇元音,它在汉语语音中扮演着重要的角色。要正确地发出 o[o] 的音,需要掌握一定的技巧。

首先,嘴唇需要稍微有些圆,并向外突出一些,这样可以形成一个封闭的口腔共鸣腔。同时,口腔需要保持一定程度的张开,以便声音能够更好地传递出来。其次,舌头需要向后缩,使舌头的后部与软腭接触,形成一个良好的发音通道。最后,唇拢圆,即嘴唇需要拢圆并稍微突出一些,以产生清晰、圆润的音响效果。

为了更好地体会 o[o] 的发音,可以尝试朗读一些词语进行练习。例如:

伯伯(bó bo)

婆婆(pó po)

波涛(bō tāo)

锅盖(guō gài)

锣鼓(luó gǔ)

通过反复朗读这些词语,可以逐渐掌握 o[o] 的发音技巧,并熟悉它在汉语中的实际应用。

3.e[ɣ]

e[ɣ] 是一个舌面、后、半高、不圆唇元音,其发音状况与 o[o] 基本相同,但双唇需要保持自然展开的状态。为了更好地体会 e[ɣ] 的发音,可以参考以下例子。

哥哥(gē ge)

胳膊(gē bo)

格外(gé wài)

哥哥姐姐(gē gē jiě jie)

俄国(é guó)

通过朗读这些拼音词语,可以感受到 e[ɣ] 的发音特点。在发音时,需要注意舌头后缩,口腔半开,双唇自然展开,声音从口腔后部发出。与 o[o] 相比,e[ɣ] 的嘴唇更加放松自然,不需过于突出或拢圆。

4.ê [ɛ]

在汉语语音中,韵母 ê[ɛ] 是一个舌面、前、半低、不圆唇元音。其发音特点主要包括以下几点。

第一,在发音时,口腔需要保持半开状态,即上下颌之间的距离适中,不宜过于张大或闭合。

第二,舌位处于半低位置,舌头需要稍微前伸,使舌尖轻轻抵住下齿背,以形成正确的口腔共鸣腔。

第三,在发音时,嘴唇应保持放松,不需过于突出或拢圆,形成自然展开的状态。

值得注意的是，韵母ê[ɛ]单用的机会并不多，通常与声母组合成复元音韵母，如ie、üe等。因此，在实际发音中，可以将ê的发音与这些复元音韵母的发音联系起来，通过朗读例词来感受和掌握正确的发音技巧。例如，"爷爷""谢谢""靴子""月牙"等词语中的复元音韵母就包含了ê的发音。

5.i[i]

i[i]是一个舌面、前、高、不圆唇元音，其发音特点是唇形呈扁平状，舌头前伸使舌尖抵住下齿背。为了更好地体会i[i]的发音，可以参考以下例子。

阿姨（ā yí）

逼迫（bī pò）

衣服（yī fu）

笔记（bǐ jì）

激励（jī lì）

通过朗读这些拼音词语，可以感受到i[i]的发音特点。与其他元音相比，i[i]的发音较为尖锐和高亢。

6.u[u]

u[u]是一个舌面、后、高、圆唇元音，它在汉语语音中扮演着重要的角色。要正确地发出u[u]的音，需要掌握一定的技巧。

第一，双唇需要拢圆，并留出一个小孔，这样可以形成一个封闭的口腔共鸣腔。嘴唇的形状对于u[u]的发音至关重要，因为只有当双唇处于正确的位置时，才能产生清晰、饱满的声音。

第二，舌头需要向后缩，使舌根接近软腭。这样做的目的是进一步扩大口腔的后部空间，使声音能够更加集中和饱满。在舌头后缩的过程中，舌头的中后部应该稍微抬起，以与软腭形成一定的接触，从而形成一个完整的发音通道。

为了更好地体会u[u]的发音，可以尝试朗读一些词语的拼音。

例如：

　　姑姑（gū gu）
　　狐狸（hú li）
　　补助（bǔ zhù）
　　酷暑（kù shǔ）
　　互助（hù zhù）

　　通过反复朗读这些词语，可以逐渐掌握u[u]的发音技巧，并熟悉它在汉语中的实际应用。同时，也可以通过模仿标准普通话发音者的发音来提高自己的发音水平。

　　7.ü[y]

　　在汉语语音中，ü[y]是一个特殊的舌面、前、高、圆唇元音。它的发音特点与i[i]相似，但唇形有所不同。在发ü[y]音时，嘴唇需要拢圆，形成较为饱满的口腔共鸣腔。同时，舌头的前部需要稍微抬起，使舌尖轻触下齿背，以帮助发音。

　　为了更好地体会ü[y]的发音，可以尝试朗读一些常见词语的拼音。例如：

　　语句（yǔ jù）
　　许愿（xǔ yuàn）
　　女婿（nǚ xù）
　　距离（jù lí）
　　语文（yǔ wén）

　　通过反复朗读这些词语，可以逐渐掌握ü[y]的发音技巧，并熟悉它在汉语中的实际应用。

　　值得注意的是，由于ü[y]的发音较为特殊，初学者可能难以掌握正确的发音技巧。因此，需要多加练习和模仿标准普通话发音者的发音。同时，也可以通过一些绕口令或诗歌朗诵等练习来提高自己的发音水平。

第二篇　普通话语音知识

（二）舌尖单元音韵母的发音

-i[ɿ]、-i[ʅ]是舌尖元音韵母。下面将对这两个韵母的发音进行阐述。

1.-i[ɿ]

-i[ɿ]是一个舌尖前、高、不圆唇元音,其发音特点主要包括以下几点。

第一,在发音时,舌尖需要前伸并接近上齿背,舌位较高,舌头的前部抬起。这种舌位使气流通路变得狭窄。

第二,虽然气流通路狭窄,但气流经过时不会发生摩擦,这与其他元音的发音有所不同。

第三,在发音时,嘴唇保持不圆的状态,唇形相对扁平,没有明显的突出或拢圆。

为了更好地体会-i[ɿ]的发音,可以通过朗读一些词语进行练习。例如：

私自（sī zì）

四季（sì jì）

通过反复朗读这些词语,可以逐渐掌握-i[ɿ]的发音技巧,并熟悉它在汉语中的实际应用。

2.-i[ʅ]

-i[ʅ]是一个舌尖后、高、不圆唇元音,其发音特点主要包括以下几点。

第一,在发音时,舌尖需要上翘并接近硬腭前部,舌位较高,舌头后部抬起。

第二,虽然气流通路狭窄,但气流经过时不会发生摩擦,这与其他元音的发音有所不同。

第三,在发音时,嘴唇保持不圆的状态,唇形相对扁平,没有明显的突出或拢圆。

为了更好地体会-i[ʅ]的发音,可以尝试朗读以下这些词语。例如:
知耻(zhī chǐ)
支持(zhī chí)
脂粉(zhī fěn)

(三)卷舌单元音韵母的发音

er[ɚ]是一个卷舌单元音韵母,其发音特点主要包括以下几点。

第一,在发音时,口型略开,上下颌之间的距离适中,不宜过于张大或闭合。

第二,舌位居中,舌头稍微后缩,舌尖向硬腭卷起。这种舌位使声音听起来有一种中央、集中的感觉。

第三,在发音时,唇形不圆,保持自然状态,不需要特别突出或拢圆。

第四,er[ɚ]的发音介于e[ə]和r之间,是一个中等的元音,听起来有些类似英文音标中的/ə:/。

在普通话中,er[ɚ]通常自成音节,只给几个特定的汉字注音,如"儿""而""耳""尔"。由于er[ɚ]的发音较为特殊,初学者可能需要多加练习才能掌握正确的发音技巧。

二、复元音韵母的发音

普通话中共有13个复元音韵母:ai、ei、ao、ou、ia、ie、ua、uo、üe、iao、iou、uai、uei,这些韵母的发音特点主要包括以下几个方面。

第一,复韵母的发音确实是一个连续的、滑动的进程,而不是两个或多个元音的简单拼凑。在这个过程中,舌位的高低前后、口腔的开闭以及唇形的圆展,都是逐渐变化的,这种变化是平滑的、连续的,而不是突然的或跳跃的。当初学者发"uo"这个音时,可以明显地感觉到它是由"u"音逐渐滑向"o"音的。这个滑动的过程并不是一蹴而就的,而是经过了一个完整的过渡阶段,即从"u"音过渡到"o"音的过程中,需要通过许多细微的过渡音。

第二,在复元音韵母的发音过程中,元音之间的滑动距离或动程是有长有短的。例如,当初学者发"ai、ao、ia"这些音时,可以明显感觉到它们的动程较长,即从一个元音滑到另一个元音的距离相对较大,发音时需要经过较长的过渡。而像"ou、ei、uo"这些音的动程则较短,即元音之间的滑动距离较小,发音时过渡较快。这种动程的长短不仅影响发音的准确度,还与语音的节奏和语调密切相关。长动程的复元音韵母通常在慢速或强调时使用,而短动程的复元音韵母则在快速交流或非强调时使用。这种动程的差异使汉语语音更具表现力和丰富性。此外,复元音韵母还可以根据其组成的元音数量来分类。由两个元音构成的复元音韵母被称为二合复元音韵母,如"ai、ao、ia"等;而由三个元音构成的复元音韵母则被称为三合复元音韵母,如"iao、iou、ua"等。这两种类型的复元音韵母在汉语中都有其特定的发音规则和用途。

第三,在复元音韵母中,各个元音的作用是有所不同的。通常会有一个元音的发音比较清晰、明显,这个元音被视为主要元音韵母。主要元音韵母在复元音韵母的发音中起着主导作用,是整个音节或音段的核心。它的发音清晰度、时长和音调等特征决定了整个复元音韵母的发音特点和语音表现。其他元音在复元音韵母中通常起到辅助或修饰的作用,与主要元音配合,形成完整的语音单位。这些元音的发音可能较为模糊或短暂,但它们对于整体语音的流畅性和和谐性起到至关重要的作用。通过与其他元音的配合,主要元音韵母能够形成丰富多样的语音效果,表达不同的语调和情感。

复元音韵母可以分为前响复元音韵母、中响复元音韵母和后响复元音韵母,下面将对这些韵母的发音状况进行简要分析。

(一)前响复元音韵母的发音

前响复元音韵母在汉语中包括四个音:ai、ei、ao 和 ou。它们的共同特点是开头的元音发音时开口度较大,而收尾的元音发音时开口度较小。在发音过程中,舌位会从低向高滑动,形成一个清晰、响亮的开头元音以及一个轻短、模糊的收尾元音。

具体来说,当初学者发这些前响复元音韵母时,开头的元音音素会发出响亮、清晰的声音,这是因为开口度较大,声音能够更好地传播和被感知。而收尾的元音音素则相对轻短、模糊,这是因为开口度较小,发音较为短暂且不那么明显。尽管收尾的元音音素在发音时较为轻短,但它对于确定整个复元音韵母的发音特点和语调起着重要的作用。

值得注意的是,收尾的元音音素在发音时并不需要特别强调或突出,它的主要作用是表示舌位移动的方向。也就是说,收尾的元音音素为发音提供了方向感和过渡效果,使整个复元音韵母的发音过程更加流畅自然。

要体会 ai 的发音,可以通过一些具体的例子来练习和感受:

白牌(bái pái) 海带(hǎi dài) 卖菜(mài cài)

要体会 ei 的发音,可以通过一些具体的例子来练习和感受:

飞贼(fēi zéi) 黑莓(hēi méi) 妹妹(mèi mèi)

要体会 ao 的发音,可以通过一些具体的例子来练习和感受:

高傲(gāo ào) 海豹(hǎi bào) 早操(zǎo cāo)

要体会 ou 的发音,可以通过一些具体的例子来练习和感受:

口头(kǒu tóu) 楼道(lóu dào) 木头(mù tou)

(二)中响复元音韵母的发音

中响复元音韵母在汉语中包括四个音:iao、iou、uai 和 uei。它们的共同特点是舌位从一个较高的元音向较低的元音滑动,然后再由低向高滑动。在这个过程中,起始和结束的元音都比较短促、模糊,而中间的元音则响亮清晰。具体来说,当初学者发这些中响复元音韵母时,起始的元音发音较短促,舌位较高,声音也较为轻柔。接着,舌位向下滑动到中间的元音,这个元音的发音清晰响亮,是整个复元音韵母的核心。然后,舌位再向上滑动到收尾的元音,这个元音的发音较短促,声音也比较轻柔。

值得注意的是,中响复元音韵母在发音时要注意舌位的移动和过渡。起始和收尾的元音发音时间较短,而且较为模糊,而中间的元音则是发音的重点。这个中间的元音通常是一个开口度较大的元音,舌位相对较低,发音时声音较为响亮。

要体会 iao 的发音,可以通过一些具体的例子来练习和感受:

表哥(biǎo gē) 鸟巢(niǎo cháo) 调料(tiáo liào)

要体会 iou 的发音,可以通过一些具体的例子来练习和感受:

求救(qiú jiù) 优秀(yōu xiù) 牛油(niú yóu)

要体会 uai 的发音,可以通过一些具体的例子来练习和感受:

外号(wài hào) 坏蛋(huài dàn) 怀表(huái biǎo)

要体会 uei 的发音,可以通过一些具体的例子来练习和感受:

光辉(guāng huī) 回归(huí guī) 归队(guī duì)

(三)后响复元音韵母的发音

后响复元音韵母在汉语中有五个音:ia、ie、ua、uo 和 üe。这些后响复元音韵母的共同特点是开头的元音发音开口度较小,而收尾的元音开口度较大。在发音过程中,舌位会从高向低滑动。具体来说,开头的元音音素不太响亮,而且比较短促,而收尾的元音音素则响亮清晰。舌位移动的终点是确定的,这也是后响复元音韵母的一个显著特点。

要体会 ia 的发音,可以通过一些具体的例子来练习和感受:

假牙(jiǎ yá) 加价(jiā jià) 掐架(qiā jià)

要体会 ie 的发音,可以通过一些具体的例子来练习和感受:

姐姐(jiě jie) 贴切(tiē qiè) 铁屑(tiě xiè)

要体会 ua 的发音,可以通过一些具体的例子来练习和感受:

花环(huā huán) 西瓜(xī guā) 抓住(zhuā zhù)

要体会 uo 的发音,可以通过一些具体的例子来练习和感受:

错误(cuò wù) 说话(shuō huà) 多好(duō hǎo)

要体会 üe 的发音,可以通过一些具体的例子来练习和感受:
缺水(quē shuǐ) 月亮(yuè liang) 虐待(nüè dài)

三、带鼻音韵母的发音

(一)前鼻音韵母的发音

前鼻音韵母有 an、ian、uan、üan、en、in、uen、ün,下面将对其发音进行简要说明。

1.an[an]

发音时,整个发音过程涉及多个口腔部位的协同动作。首先,舌尖轻轻地抵住下齿背,确保舌位降到最低。这个动作促使软腭上升,从而关闭鼻腔通路,确保气流不会从鼻腔泄漏出来。发音的起点元音是元音 a[a]。从 a[a] 开始,舌面逐渐升高,舌面前部贴向硬腭前部。当舌面与硬腭即将接触时,软腭迅速下降,打开鼻腔通路。这样做的目的是让气流能够顺利地从鼻腔里透出。紧接着,舌面前部与硬腭前部闭合,形成一个封闭的口腔环境。这个动作可以使口腔受到一定的阻碍,使气流从鼻腔里透出。在这个过程中,口形先开后合,舌位移动较大。这种舌位和口形的变化使发音更加清晰和准确。

要体会 an[an] 的发音,可以通过一些具体的例子来练习和感受:
安排(ān pái) 男人(nán rén) 三餐(sān cān)

2.ian[iæn]

发音时从高元音的音素开始,即 i。这个音素是一个比较高的音,在口腔的前部产生。然后,舌位开始降低,逐渐向低元音 a 的方向滑动。在这个过程中,舌位并没有完全降到 a 的位置,而是停在了前元音 [æ] 的位置。在舌位到达 [æ] 的位置后,发音过程并没有结束。接下来,舌位开始升高,逐渐向硬腭前部移动。当舌面前部贴向硬腭前部时,就会形成一个鼻音的音素 -n。这个鼻音的音素是发音的结束部分,也是这个音节独特韵味的关键所在。

要体会 ian[iæn] 的发音,可以通过一些具体的例子来练习和感受:

见面(jiàn miàn) 偏见(piān jiàn) 检点(jiǎn diǎn)

3.uan[uan]

发音时,首先从圆唇的后高元音 u 开始,此时的口形呈现合口状态。随后,口形迅速发生变化,由合口变为开口状,表示舌位在降低。这个过程非常迅速,舌位向前移动,降低到不圆唇的前低元音 a 的位置。

在舌位到达 a 之后,发音并没有结束。紧接着,舌位开始升高,向鼻音 -n 的方向移动。在这个过程中,唇形也发生了变化,由原先的圆唇逐渐变为展唇。

在舌位升高和唇形变化的同时,发音继续向前发展。这个过程不仅涉及舌位的高低变化,还涉及唇形的变化,使发音更加丰富和准确。

要体会 uan[uan] 的发音,可以通过一些具体的例子来练习和感受:

酸甜(suān tián) 软弱(ruǎn ruò) 湍急(tuān jí)

4.üan[yæn]

发音时,首先从圆唇的前高元音 ü 开始,这个音素位于口腔的前部,唇形呈现圆形。随后,舌位向前低元音 a 的方向滑动,但并没有降到 a,而是停在了前元音 [æ] 的位置。在这个过程中,唇形也逐渐发生变化。由于起始音是圆唇元音 ü,唇形由圆形逐渐展开,在向中间折点元音滑动的过程中渐变为展唇。这种唇形的变化使发音更加清晰和准确。

舌位的变化与 ian 基本相同,都是从高元音开始,经过舌位的降低和升高,最后形成鼻音 -n。只是由于开头是圆唇元音 ü,中间折点元音的舌位稍微靠后一些。

要体会 üan[yæn] 的发音，可以通过一些具体的例子来练习和感受：

圆圈（yuán quān） 全面（quán miàn） 全员（quán yuán）

5.en[ən]

发音时，起始音是央元音 e，位于口腔的中部。随后，舌面逐渐升高，并向硬腭前部贴去。在舌面前部与硬腭前部即将接触的瞬间，软腭迅速下降，从而打开鼻腔通路。紧接着，舌面前部与硬腭前部紧密闭合，使气流在口腔受到阻碍。在这个过程中，口形由开到闭，舌位移动相对较小。这种舌位和口形的变化确保了气流能够从鼻腔里透出，形成鼻音的音素 -n。

这个音节的结构和发音方式比较特殊，需要口腔、舌头和软腭的精确配合才能正确发出。

要体会 en[ən] 的发音，可以通过一些具体的例子来练习和感受：

根本（gēn běn） 人民（rén mín） 真正（zhēn zhèng）

6.in[in]

发音时，起始音是舌位最高的前元音 i，位于口腔的前部。随后，舌面逐渐升高，并向硬腭前部贴去。在舌面前部与硬腭前部即将接触的瞬间，软腭迅速下降，从而打开鼻腔通路。紧接着，舌面前部与硬腭前部紧密闭合，使气流在口腔受到阻碍。由于起始音是前元音 i，因此发音过程中开口度几乎没有变化。

在整个发音过程中，舌位的动程很小，只需从 i 的位置稍微升高并向前贴向硬腭前部。这种舌位和口形的变化确保了气流能够从鼻腔里透出，形成鼻音的音素 -n。

要体会 in[in] 的发音，可以通过一些具体的例子来练习和感受：

近亲（jìn qīn） 品行（pǐn xíng） 引进（yǐn jìn）

第二篇　普通话语音知识

7.uen[uən]

发音时,首先从圆唇的后高元音 u 开始,这个音位于口腔的后部,唇形呈现圆形。随后,舌位向前移动,逐渐降低到央元音 e[ə] 的位置。在这个过程中,唇形也逐渐发生变化,由圆形逐渐展开,向中间折点元音滑动。随着舌位的继续升高,唇形逐渐变为展唇,确保气流能够顺利通过口腔并从鼻腔里透出。

要体会 uen[uən] 的发音,可以通过一些具体的例子来练习和感受:

论文(lùn wén)　昆仑(kūn lún)　谆谆(zhūn zhūn)

8.ün[yn]

发音时,首先从圆唇的前元音 o 开始,这个音位于口腔的前部,唇形呈现圆形。随后,舌位向前移动,逐渐降低到央元音 e[ə] 的位置。在这个过程中,唇形也逐渐发生变化,由圆形逐渐展开。与 in 的发音过程不同的是,ün 的唇形从圆唇逐步展开,而 in 的唇形始终是展唇。

要体会 ün[yn] 的发音,可以通过一些具体的例子来练习和感受:

晕车(yūn chē)　云游(yún yóu)　均匀(jūn yún)

(二)后鼻音韵母的发音

后鼻音韵母有 ang、iang、uang、eng、ueng、ing、ong、iong,下面将对其发音进行简要说明。

1. ang[ɑŋ]

发音时,起始音是"后 a",即后元音 a,位于口腔的后部。随后,舌面后部逐渐抬起,并向软腭贴近。在舌面后部与软腭即将接触的瞬间,软腭迅速下降,从而打开鼻腔通路。紧接着,舌根与软腭紧密接触,封闭了口腔通路,使气流只能从鼻腔里透出。

要体会 ang[ɑŋ] 的发音,可以通过一些具体的例子来练习和感受:

长江(cháng jiāng)　厂商(chǎng shāng)　狼狈(láng bèi)

75

2.iang[iaŋ]

发音时,起始音是前高元音 i,位于口腔的前部。随后,舌位逐渐向后移动,降低到后低元音 a[ɑ]（后 a）的位置。在这个过程中,唇形和舌位的变化确保了气流能够顺利通过口腔。随后,舌位开始升高,并向软腭贴近。当舌根与软腭接触时,口腔通路被封闭,气流从鼻腔里透出,形成鼻音 -ng。

要体会 iang[iaŋ] 的发音,可以通过一些具体的例子来练习和感受：

向上（xiàng shàng） 强大（qiáng dà） 想象（xiǎng xiàng）

3.uang[uaŋ]

发音时,起始音是圆唇的后高元音 u,位于口腔的后部,唇形呈现圆形。随后,舌位逐渐降低,降低到后低元音 a[ɑ]（后 a）的位置。在这个过程中,唇形也逐渐发生变化,由圆形逐渐展开,向折点元音滑动。当舌位升高并接近软腭时,唇形完全展开,成为展唇。当舌根与软腭接触时,口腔通路被封闭,气流从鼻腔里透出,形成鼻音 -ng。

要体会 uang[uaŋ] 的发音,可以通过一些具体的例子来练习和感受：

狂妄（kuáng wàng） 状况（zhuàng kuàng） 双簧（shuāng huáng）

4.eng[ɣŋ]

发音时,起始音是央元音 e,位于口腔的中部。随后,舌面后部逐渐抬起,并向软腭贴近。在舌面后部与软腭即将接触的瞬间,软腭迅速下降,从而打开鼻腔通路。紧接着,舌面后部与软腭紧密接触,使气流在口腔受到阻碍,无法从口腔流出。这时气流被迫从鼻腔里透出,形成鼻音。

要体会 eng[ɣŋ] 的发音,可以通过一些具体的例子来练习和感受：

更正（gēng zhèng） 承蒙（chéng méng） 声称（shēng chēng）

5.ueng[uɤŋ]

发音时,起始音是圆唇的后高元音 u,位于口腔的后部,唇形呈现圆形。随后,舌位逐渐降低,降至比后半高元音 e[ɤ]稍稍靠前略低的位置。在这个过程中,唇形也逐渐发生变化,由圆形逐渐展开,向中间折点元音滑动。当舌位升高并接近软腭时,唇形完全展开,成为展唇。当舌根与软腭接触时,口腔通路被封闭,气流从鼻腔里透出,形成鼻音 -ng。在普通话里,韵母 ueng 只有一种零声母的音节形式 weng。

要体会 ueng[uɤŋ] 的发音,可以通过一些具体的例子来练习和感受:

翁公（wēng gōng） 渔翁（yú wēng） 水瓮（shuǐ wèng）

6.ing[iŋ]

发音时,起始音是前高元音 i,位于口腔的前部。舌面隆起部位不降低,保持一定的舌位,随后开始向软腭后移。在舌面后部与软腭之间的位置,舌尖离开下齿背,使舌面后部逐渐隆起,贴向软腭。当舌面后部与软腭即将接触的瞬间,软腭迅速下降,从而打开鼻腔通路。紧接着,舌面后部与软腭紧密接触,封闭了口腔通路,使气流只能从鼻腔里透出。在这个过程中,口形没有明显的变化。

要体会 ing[iŋ] 的发音,可以通过一些具体的例子来练习和感受:

平定（píng dìng） 秉性（bǐng xìng） 命令（mìng lìng）

7.ong[uŋ]

发音时,起始音是后半高元音 o[u],位于口腔的中部。舌面后部逐渐贴向软腭,与软腭形成一定的接触。在舌面后部与软腭即将接触的瞬间,软腭迅速下降,从而打开鼻腔通路。紧接着,舌面后部与软腭紧密接触,封闭了口腔通路,使气流只能从鼻腔里透出。在这个过程中,唇形始终保持拢圆,变化不明显。

要体会 ong[uŋ] 的发音,可以通过一些具体的例子来练习和感受:

通融（tōng róng） 公众（gōng zhòng） 龙宫（lóng gōng）

8.iong[iuŋ]

发音时,起始音是前高元音 i,舌位向后移动并略有下降,降至比后高元音略低的 o[u] 的位置。在这个过程中,由于后面是圆唇元音,前高元音 i 也逐渐带上圆唇动作。随后,舌位开始升高,接近软腭时与软腭接触,封闭口腔通路,同时软腭下降打开鼻腔通路。气流从鼻腔里透出,形成鼻音 -ng。

要体会 iong[iuŋ] 的发音,可以通过一些具体的例子来练习和感受:

凶器(xiōng qì) 兄弟(xiōng dì) 窘迫(jiǒng pò)

第四节　韵母发音辩证

一、o、uo、e 的辨正

在普通话中,韵母 o、uo、e 是清晰分立的。它们之间的区别主要在于发音时的唇形和舌位变化。uo 是一个复元音,发音时由 u 过渡到 o,唇形和舌位在过渡过程中有明显的变化。e 和 o 则是单元音,它们的发音没有动程,唇形和舌位始终保持不变,主要的区别在于唇形的不同:发 e 时唇形不圆,而发 o 时唇形是拢圆的。

然而,在某些方言中,这三个韵母可能会出现混淆的情况。有些方言无法准确区分 e 和 o 的发音,导致它们被读作相同的音。例如,在山东大部分地区,人们很难准确读出 o 韵母,有的将其读作 e,有的将其读作 uo。例如,"玻(bō)"被读作 bē,"迫(pò)"被读作 pè,"默(mò)"被读作 mè。而在四川等地的方言中,人们只用 o 而不用 e,导致该用 e 的时候都用了 o。例如,在重庆话中,"喝、河、合、禾、鹅"等词都被念成了 [o]。在东北方言中,大多数该用 o 的却被读作了 e。例如,在哈尔滨、黑河、齐齐哈尔等地,人们将"拨、泼、摸"分别念成了"be、pe、me"。

在某些方言中,韵母 uo 和 e 的区分并不清晰,导致了一些发音混淆的情况。以下是一些具体的例子。

在湖北武汉话和湖南常德话中,普通话中的"俄、鹅、禾"等韵母为 e 的音节被念成了韵母 uo。而在宜昌话中,普通话中的"可、哥、河、贺"等韵母为 e 的音节也被念成了韵母 uo。

相反,在鄂东南的阳新等地,普通话中的"火、果、货"等韵母为 uo 的音节被念成了韵母 e。

在平度话中,将"歌"(gē)读作"锅(guō)",其中"歌"的正确发音应该是以 e 为韵母的音节,但在平度话中被念成了以 uo 为韵母的音节。

在重庆话中,"个(gè)"被读作"过(guò)","河(hé)"被读作"活(huó)"。这些例子都表明在这些方言中,uo 和 e 的区分并不清晰,导致了一些发音混淆的情况。

在有些方言中,o 和 uo 的区分也不清晰,导致了一些发音混淆的情况,以下是一些具体的例子。

在江淮方言中,常常有一部分 uo 韵母的字被读作 o 韵母,这是不正确的。例如,"脱(tuō)"被读作 tō,"说(shuō)"被读作 shō。这些例子都表明在这些方言中,o 和 uo 的区分并不清晰,导致了一些发音混淆的情况。此外,桂林话中只有 o 韵母而没有 uo 韵母。常德话虽然区分 o 和 uo 两个韵母,但 o 只与声母拼合,而 uo 只能成为零声母音节。这意味着像"玻、坡、多、拖、罗、锅"等词都被念成 o 韵母。

要分辨 o、e 和 uo 这一组韵母,需要了解它们各自的发音特点,并掌握发音要领。

首先,从音色上进行分辨。o 的发音比较圆润,声音较响亮;e 的发音则比较扁平,声音略低沉;而 uo 是由两个元音组成的复元音,发音时有一个明显的过渡,声音介于 o 和 e 之间。

其次,利用普通话的声韵配合规律进行分辨。在普通话中,o 韵母只能与唇音声母 b、p、m、f 相拼,而不能与其他声母相拼。因此,当遇到与这些唇音声母相拼的韵母时,可以确定为 o 韵母。

再次,对于 e 韵母和 uo 韵母的混淆问题,可以从声母入手进行分辨。e 韵母不与 b、p、m、f 相拼(除"么"以外),而 uo 也不与这些声母相拼。因此,凡是能与 b、p、m、f 相拼的 e 韵母字或 uo 韵母字都应该改为相应的 o 韵母。另外,对于方言中 e 和 uo 相混淆的情况,需要仔细分辨哪些是 e 韵母字,哪些是 uo 韵母字。可以通过查阅字典或听标准普通话发音来分辨。

最后,o、ou、e 的辨正可以利用绕口令,体会唇舌动作,以下是关于 o、ou、e 的辨正绕口令。

破布裹破锣

破布裹破锣,

破锣裹破布,

布裹破锣,

不破不裹,

破锣不破布不裹。

胡家小胡过河捉蛤蟆

胡家小胡过河捉蛤蟆,花家小花拎壶去浇花。

胡家小胡捉了五只大花活蛤蟆去看花家小花浇花,

花家小花浇完红花黄花与小胡一起玩大花活蛤蟆。

老罗老罗兜里掖着鹅蛋

老罗老罗兜里掖着鹅蛋,

鹅蛋沾水,

砸了老罗的腿。

老罗捧着鹅蛋,去找鹅妈妈。

鹅妈妈说:"我要抱窝抱不出个鹅来。

老高骑自行车抱老鲍的宝刀

老高骑自行车抱老鲍的宝刀,

老鲍的宝刀不开腰。

老高骑着自行车,

怀里抱着老鲍的宝刀,
老鲍的宝刀不开腰。

郭老伯过河捉鹅

郭老伯过河捉鹅,
和鹅一起下河脱衣服。
脱下衣服洗个澡,
洗干净衣服穿好,
穿上衣服提着鹅,
提着鹅回家做菜吃。

通过这些绕口令,可以更好地体会 o、ou、e 的发音特点,锻炼唇舌的灵活性和准确性。在练习绕口令时,发音要清晰、准确,语速适中。反复练习可以提高口语表达能力和语音辨识能力。

二、i 和 u 的辨正

普通话中有很多复韵母和鼻韵母带有韵头 i 或 u,但这些在某些方言中可能不存在。以下是一些方言区中丢失韵头 i 或 u 的例子。

在丢失韵头 i 的方言中,广州话把"流"说成 [lou],把"钻"说成 [tsan],把"江"读成 [kɔŋ]。上海话把"家"读成 [kɑ],把"队"说成 [de],把"吞"说成 [tʰən]。厦门话把"江"读成 [kaŋ]。西南官话和江淮官话也存在这样的情况。武汉话把"六"说成 [nou],把"损"说成 [sən]。安庆话把"队"说成 [tei],把"吞"说成 [tʰən]。

在丢失韵头 u 的方言中,山东威海话把"端(duān)"读成"单(dān)",把"乱(luàn)"读成"烂(làn)",把"算(suàn)"读成"散(sàn)",把"孙(sūn)"读成"森(sēn)"。上海话把"队(duì)"读成 dèi,把"嘴(zuǐ)"读成"zěi",等等。

除了之前提到的方言区中丢失韵头 i 的现象,在广西桂林话、柳州话、湖南常德话、湖北宜昌话中还存在"袄、咬"同音的现象,这也可以看作是韵头的丢失。

这些方言区的人们在学习普通话时,需要特别注意增加韵头,有时甚至需要改变声母、韵母或韵尾,以适应普通话的标准发音。

为了练习这类发音,可以尝试在有辅音声母的音节里使用三拼连读法,即先将声母、韵母和韵尾连起来读,开始时可以慢一些,确保韵头到位,然后逐渐加快速度。

为了避免在方言中丢失韵头 i、u,可以采取以下措施。

第一,了解并掌握普通话的声韵配合规律。通过学习声母和韵母的配合规则,特别是针对容易丢失韵头的声母和韵母的组合进行重点练习,可以逐渐纠正发音错误。

第二,通过模仿标准普通话发音,加强语音训练。多听、多模仿标准普通话的发音,特别是对于容易丢失韵头的字词进行重点练习,反复模仿和纠正,以培养正确的发音习惯。

第三,在练习过程中可以采用一些辅助方法,如录音自我评估、语音软件辅助等。通过将自己的发音录下来,与标准普通话进行对比,可以更清楚地听出问题所在,以便有针对性地进行纠正。同时,也可以利用语音软件进行辅助练习,它们通常具有语音识别功能,可以帮助人们更好地掌握正确的发音。

第四,保持耐心和坚持。学习普通话是一个长期的过程,尤其是对于方言中容易丢失韵头的人来说更是如此。只有坚持不懈地练习和纠正,才能逐渐克服这个问题,提高自己的普通话发音水平。

总之,为了避免在方言中丢失韵头 i、u,需要多管齐下,注意掌握规律,加强训练,保持耐心。

三、前鼻音韵母和后鼻音韵母的辨正

在现代汉语普通话中,前后鼻音韵母(-n、-ng)的分立非常明显,且大多数情况下是成对出现的。这些成对的韵母如 en 与 eng、in 与 ing、an 与 ang、ian 与 iang、uan 与 uang 等,各自独立,具有清晰的发音特征,能够清晰地区分不同的音节,从而准确表达不同的语义。然而,方言的发音习惯和语音环境常常会影响人们对前后鼻音韵母

的正确发音。在一些方言中,前鼻音韵母和后鼻音韵母可能会出现合并、脱落或错位的现象。

有些方言对于前鼻音韵母和后鼻音韵母的区分并不严格,存在一些差异。有的方言中 -n 和 -ng 的发音混用,导致"搬"和"帮"等音节被混淆;有的方言中只有 -n,没有 -ng,导致"风声"被读成"分身";还有的方言中没有 -n,将前鼻音韵尾 -n 都读成了后鼻音韵尾 -ng,把"引子"读成"影子"。

此外,安徽歙县话中的前鼻音韵母也存在一些特殊的变化。歙县话中 -n 韵基本上已经脱落,前鼻音韵母混入了单韵母或复韵母,如"单、旦、叹、寒、看、难、览"等的韵母被读成 [ɛ]。这种变化使一些同音字在歙县话中发音相同,如将"元"念成"危"的同音,将"川"念成"吹"的同音。

少数方言区将 -n 混入了 -ng,这主要表现在上海、福州、潮州、建瓯等地。这种混读现象使这些方言区的人们在发音时难以区分前鼻音韵母和后鼻音韵母。例如,在上海话中,"心"和"星"的发音相似,而在福州话中,"慎"和"盛"也被念成相似的音。

兰银官话区的一些地方也存在类似的前后鼻音混读现象。以宁夏话为例,它也将"心"与"星","慎"与"盛"都念成后鼻音 -ng。这种混读现象在一定程度上影响了这些方言区的人们普通话前后鼻音韵母的正确发音。

有些方言会把前后鼻音韵母读成鼻化元音,这种现象在江淮官话区比较常见,如南通、南京等地的前鼻音韵尾和 ang、uang 的韵尾都出现了弱化,分别被念成了元音加鼻化音。

在西安话中,-n 韵的字都被读成了鼻化元音,如 an 被念成了鼻化元音 ã("~"表示鼻化),ian 被念成了 iã,uan 被念成了 uã,üan 被念成了 üã。这种发音方式使这些字听起来带有明显的鼻音。

在上海话中,人们会把 ang 韵母读成鼻化元音 ã。这种发音方式使这个韵母听起来更加柔和,带有轻微的鼻音。

对于这些方言区的人来说,要想正确地发出前后鼻音韵母,需要注意在发完主要元音后,迅速地使软腭下垂,打开鼻腔通路,舌尖抵住上齿龈或者舌根抵住软腭,这样才能正确地发出 -n 或者 -ng 音。

在某些方言区,存在一种特殊的现象,即将后鼻音韵母 -ng 的发音错位。具体表现为韵尾没有变化,但主要元音却发生了改变。

在北方的西南官话和江淮官话地区,这种现象尤为明显。例如,在这些方言中,一些原本属于 eng 韵母的汉字,如"朋、蓬、蹦、猛、孟、逢、峰、风、崩、捧、梦、冯、封"等,被念成了 ong 韵母或近似于 ong 的音。

这种现象在昆明、成都、武汉、天门、安庆、芜湖等地的方言中也尤为普遍。这些地区的方言发音将原本属于 eng 韵母的汉字都统一念成了 ong 韵母,从而改变了这些汉字的发音特征。对于这些方言区的人来说,要正确发出这些汉字的 eng 韵母,需要特别注意在发音时保持正确的元音和韵尾,避免将它们错位为 ong 韵母。只有通过不断练习和纠正,才能逐渐克服这种发音混淆,提高自己的普通话发音水平。同时,也应该尊重方言的特点和价值,促进方言和普通话的和谐共存与发展。

要正确分辨前后鼻音韵母,首先需要掌握正确的发音方法。发前鼻音 -n 时,舌尖需要抵住上齿龈,使气流从鼻腔中出来;而发后鼻音 -ng 时,舌根需要抵住软腭,同样使气流从鼻腔出来。掌握了这种正确的发音方法,初学者可以有效地区分前鼻音和后鼻音。除了发音方法的掌握,了解声韵调拼合规律也有助于前后鼻音的辨正。例如,在普通话中,d、t 不与 in 相拼,只与 ing 拼。因此,常用字如"丁、顶、定、听、挺、停"等都是后鼻音。另外,n、l 不与 en 相拼(除"嫩"外),只与 eng 拼。这意味着常用字如"能、愣、冷、楞"等都是后鼻音。同时,也可以通过观察音节的声调来判断是前鼻音还是后鼻音。例如,bin 音节只有阴平和去声,没有阳平和上声,因此阴平和去声一定是前鼻音。再如,ping 没有上声和去声字,"品、聘"等常用字是前鼻音。而 xin 音节只有阴平和去声,没有阳平和上声,所以阴平、去声一定是前鼻音。

熟记一些常用的前后鼻音字,可以帮助学习者更好地辨正前后鼻音。例如,对于 gen 这个音节,只有"跟、根、亘"三个常用字属于前鼻音,而其他如"庚、赓、羹、耕、更、耿、梗"等常用字则只能是后鼻音。同样,对于 hen 这个音节,只有"痕、很、恨、狠"等四个常用字是前鼻音,而其他如"亨、哼、横、衡、恒"等常用字则只能是后鼻音。另外,z、c、s 和 en 相拼的只有"怎、参、岑、森"等字属于前鼻音,而其他如"曾、增、层、赠、憎、蹭、僧"等常用字则只能是后鼻音。对于 nin 这个音节,只有"您"这一个字属于前鼻音,而其他如"宁、拧、柠、咛、泞、狞、凝、佞"等常用字则只能是后鼻音。

除了发音方法和声韵调拼合规律,学习者还可以利用声旁类推法来区别前鼻音韵母和后鼻音韵母。声旁类推法是一种通过声旁来推断整个字的发音的方法。通过研究声旁的发音,可以推断出含有该声旁的字的大致发音,从而更好地辨正前后鼻音。例如,汉字"令"是一个常见的声旁,含有"令"的字如"领、零、岭、玲、龄、铃"等都是后鼻音。通过这个规律,可以推断出其他含有"令"的字也很有可能是后鼻音。同样的,汉字"斤"也是一个常见的声旁,含有"斤"的字如"近、芹、欣"等都是前鼻音。通过这个规律,可以推断出其他含有"斤"的字也很有可能是前鼻音。

绕口令也可以帮助人们更好地掌握前后鼻音韵母的发音。例如,以下是一些可以帮助学习者辨正前后鼻音的绕口令。

宽扁担,
短扁担,
宽短扁担担焦炭,
短扁担担炭沉甸甸,
宽扁担担炭肩不酸。

这个绕口令中包含了多个前鼻音和后鼻音的字,通过反复练习可以加强初学者对前后鼻音的感知和掌握。

洞庭湖上一根藤,
青青藤条挂金铃,
风吹藤动金铃响,
风停藤静铃不鸣。

这个绕口令中包含了多个后鼻音的字,通过练习可以加强初学者对后鼻音的掌握。

姓陈不能说成姓程,

姓程不能说成姓陈。

禾木是程,耳东是陈。

如果陈程不分,就会认错人。

这个绕口令中包含了多个前鼻音和后鼻音的字,通过练习可以加强初学者对前后鼻音的辨正。

四、撮口呼、合口呼、齐齿呼的辨正

（一）分辨撮口呼与齐齿呼

普通话中的撮口呼和齐齿呼两类韵母有着明确的区分,这是语言规范的一个重要部分。然而,由于方言的差异和习惯的不同,一些方言区的居民可能会对这两类韵母的发音存在混淆的情况。

对于没有撮口呼韵母的方言区,如客家方言、闽南方言和西南官话的部分地区,人们在学习和使用普通话时,会遇到一些困难。这些方言区的居民往往会把撮口呼韵母念成齐齿呼韵母,也就是说,他们会把应该以 i 和 ü 作为韵头或韵腹的字都念成 i。比如,他们会把"买鱼"说成"买疑",把"聚会"说成"计会",把"拳脚"说成"前脚"。此外,还有一些方言区会出现齐齿呼和撮口呼错位的情况。也就是说,在这些方言中,一些应该念成齐齿呼的字被念成了撮口呼,而一些应该念成撮口呼的字却被念成了齐齿呼。比如,在武汉话中,"茄子"被说成了"瘸子","掀起"被说成了"宣起",而"下雪"被说成了"下写"。

为了纠正这些发音混淆的情况,方言区的居民可以通过一些方法来训练自己的发音。首先,他们需要掌握正确的 ü 的发音方法。由于 ü 的发音与 i 相近,他们可以先发 i 音,然后慢慢地将唇形拢圆,这样就可以发出正确的 ü 音。其次,他们可以利用声韵配合规律来分辨 i 和 ü。在普通话中,双唇音声母 b、p、m 和舌尖中音声母 d、f 能够与齐齿呼韵母相拼,但不能和撮口呼韵母相拼。因此,只要记住普通话中声母的撮口呼韵母字,并注意将自己方言中相应的一些读成了齐齿呼韵母的字改读为撮口呼,就可以有效地辨正前后鼻音了。

再次,方言区的居民还可以通过多听、多说、多练习来提高自己的普通话发音水平。他们可以多听标准的普通话发音,模仿正确的发音方法,并尝试在实际交流中使用正确的发音。最后,他们还可以通过参加普通话培训班、朗读练习、语音练习等途径来加强训练。

(二)分辨撮口呼与合口呼

撮口呼和合口呼是普通话中的两类韵母,它们在发音和用法上有一些区别。为了更好地分辨这两类韵母,可以注意以下几个方面。

1. 发音部位

撮口呼的发音部位主要是在唇舌上,而合口呼的发音部位则主要是在口腔中部。

2. 发音方法

撮口呼需要圆唇,而合口呼则需要开口。

3. 声母配合

撮口呼只能与部分声母配合使用,主要是舌尖中音和舌面音,如"j、q、x、zh、ch、sh、r"等;而合口呼则可以与大部分声母配合使用,如"b、p、m、f、d、t、n、l、g、k、h、z、c、s"等。

4. 韵母形状

撮口呼的韵母形状比较细长,而合口呼的韵母形状则比较短宽。

5. 音节结构

撮口呼只能出现在音节的开头,不能出现在音节的末尾;而合口呼则可以出现在音节的开头或末尾。

通过以上几个方面的注意,可以更好地分辨撮口呼和合口呼。同时,也可以通过多听多说多练习的方式,加强自己的语音训练,提高普通话发音的准确度。

第四章 声 调

声调作为普通话的灵魂和韵律,是汉语发音中不可或缺的一部分。它不仅是语言交流的基石,更是情感传递的桥梁。在普通话中,声调的变化赋予了语言丰富的韵律和节奏,使每个词、每个句子都充满了生动的情感色彩。声调的存在使普通话在发音上具有了独特的魅力。不同的声调组合,可以表达出不同的情感和语气,使语言更加富有表现力和感染力。同时,声调也是普通话学习中的一大难点,需要学习者不断练习。本章将带领读者走进普通话的声调世界,感受其独特的魅力和韵律。

第一节 声调的内涵

一、声调的概念

声调是指音节中具有区别意义作用的音高变化。在现代汉语语音学中,声调是指汉语音节中所固有的、可以区别意义的声音的高低和升降。它是物理声学上的"基频",由声振动频率决定,其高低升降就是"音高"的高低升降。普通话中有四个声调,即阴平、阳平、上声、去声,也被称为一声、二声、三声、四声。这四个声调的调值分别为55、35、214、51,调型为高平、中升、降升、全降。

声调的变化是滑动的,不像从一个音阶到另一个音阶那样跳跃式地移动,而且声调的高低升降是相对的,不是绝对的,它受到发音时声带松紧的影响。在发音时,声带越紧,声音就越高;声带越松,声音就越低。此外,声调还有调值和调类两个概念,调值是指声调高低、升降、曲直、长短的具体形式,也就是声调的实际读法;而调类则是指声调的种类,即把调值相同的字归纳在一起所建立的类。

需要注意的是,轻声并不是一种声调,而是一种特殊的音变现象,它在发音时音强和音长都会有所减弱。同时,音节是语言中最小使用单位,而构成音节的有三种成分,起头的音是声母,其余的是韵母,构成整个音节音调的高低升降的叫声调。因此,声调在语音中起着重要的作用,它能够丰富音节,使音节更加抑扬顿挫,富有变化。

二、声调的特点

声调是汉语语音中非常重要的一个组成部分,它所具有的一些特点使其在汉语中扮演着至关重要的角色。

(一)声调的高低是相对的,而不是绝对的

声调的高低是相对的,而不是绝对的,这意味着初学者不能仅仅通过测量音高来确定一个字的声调。相反,初学者只有比较同一个字在不同上下文中的音高差异,才能确定其声调。例如,在"妈妈"这个词中,第一个"妈"字是一声,音高相对较高;而第二个"妈"字是轻声,音高相对较低。这里的相对性还体现在不同的字之间,如"麻"(二声)和"马"(三声)虽然音高有所不同,但在同一个句子中,它们的音高差异可能会被弱化,使听者需要依靠其他线索来区分它们。

(二)声调的变化是滑动式的,而不是跳跃式的

声调的变化是滑动式的,而不是跳跃式的,这意味着从一个声调过渡到另一个声调时,音高会连续地变化,而不是突然地跳跃。这种滑动性使声调的变化更加自然和流畅,也使汉语的发音更加富有韵律。例如,在发"上声"这个声调时,音高会先下降后上升,形成一个类似于"V"形的曲线。这种滑动式的变化使发音更加自然,也更容易被听者理解。

(三)声调在汉语中具有区别词义的功能

声调在汉语中具有区别词义的功能,这是声调最为重要的特点之一。在汉语中,同一个音节可能因为声调的不同而代表不同的词或意义。例如,"ma"这个音节在一声时是"妈",表示母亲;在二声时是"麻",表示一种植物;在三声时是"马",表示一种动物;在四声时是"骂",表示一种行为。这种功能使声调在汉语中扮演着至关重要的角色,也是汉语学习者需要重点掌握的内容之一。

综上所述,声调的相对性、滑动性和功能性是汉语声调的重要特点。这些特点使声调在汉语中扮演着至关重要的角色,也是汉语学习者需要深入理解和掌握的内容之一。

三、学习声调的意义

学习声调的意义在于声调是语音的重要组成部分,对于语言的表达和理解有着至关重要的作用。在汉语中,声调的不同可以改变一个音节的意义,因此正确地掌握声调对于学习和使用汉语非常重要。

(一)学习声调有助于提高语言的准确性和清晰度

在学习和使用汉语时,正确掌握每个音节的声调可以使发音更加准确、清晰,有助于避免歧义和误解。这对于日常交流和语言学习

都非常重要。

一方面,正确掌握声调能够使发音更加准确。在汉语中,声调的变化对于音节的意义具有决定性的作用。如果学习者不能正确掌握每个音节的声调,就可能导致发音错误,进而引起歧义和误解。例如,在发"ma"这个音节时,如果学习者不能正确掌握其一声的发音方式,就可能将其误读为二声或三声,导致意思完全改变。因此,掌握声调对于准确发音至关重要。

另一方面,正确掌握声调能够使发音更加清晰。通过学习和掌握正确的声调,学习者能够使自己的发音更加清晰、自然。这对于日常交流、语言学习以及职场沟通都具有重要的意义。

(二)学习声调有助于增强语言的韵律感和表达力

在汉语中,声调不仅仅是语音的组成部分,更是一种富有表现力的语言工具。不同的声调能够传达出说话人不同的情感和语气,为语言赋予丰富的情感和韵律感。高升调作为一种声调类型,常常用于表达惊讶、疑问、不满或强调等情感和语气。当说话人使用高升调时,音高会逐渐上升,给人一种上扬、激昂的感觉。这种声调能够凸显出说话人的情感波动,使话语更具感染力和表现力。例如,在表达惊讶时,高升调可以强调出说话人对某件事情的出乎意料和震惊。而低降调则通常用于表达肯定、陈述、平静或冷漠等情感和语气。当说话人使用低降调时,音高会逐渐下降,给人一种稳定、平和的感觉。这种声调能够凸显出说话人的冷静和坚定,使话语更具说服力和可信度。例如,在陈述事实时,低降调可以传达出说话人对事情的确定性和客观性。

通过学习和掌握不同的声调,人们可以使自己的语言更加生动,更有韵律感,从而增强语言的表现力。在日常交流中,灵活运用不同的声调可以使话语更加丰富多彩,有助于更好地传达自己的意图和情感。同时,在学习汉语的过程中,了解和掌握各种声调的特点和应用场景也是提高语言水平的关键之一。因此,学习者应该注重声调的学习和实践,通过不断练习和反思,逐渐提高自己的声调掌握能力,增强语言的表达力。

(三)学习声调有助于提高听力理解能力

声调作为汉语语音的重要组成部分,对于准确理解说话人的意图和表达的情感具有决定性的作用。通过学习声调,可以更深入地理解汉语的韵律结构和语调变化,从而在听的过程中更准确地识别和理解说话人的意思。

第一,声调的正确识别有助于理解说话人的基本意图。在汉语中,不同的声调可以传达出不同的信息。例如,当说话人使用高升调时,他们可能在表达惊讶或疑问;而低降调则可能表示陈述或肯定。通过识别这些声调,可以更准确地判断说话人的意图,从而更好地理解他们的观点或请求。

第二,声调的理解对于把握说话人的情感至关重要。在汉语交流中,情感往往通过声调和语调的变化得以传达。通过学习声调,可以更好地感知说话人的情感波动,如喜悦、愤怒、悲伤等。这种情感的理解有助于更深入地体会对话的语境,从而更准确地把握说话人的真实意图。

此外,通过学习声调还可以提高自己的听力理解速度。在汉语听力中,往往需要在短时间内快速准确地理解说话人的意思。掌握声调规律可以帮助学习者更快地识别出关键词汇和短语,从而提高听力理解的效率。

(四)学习声调有助于提高语言学习的效率

声调作为汉语语音的核心要素之一,对于准确理解和运用新词汇和句子起着至关重要的作用。当学习者能够正确掌握每个音节的声调时,他们的学习过程将变得更加高效和顺畅。

第一,掌握声调有助于学习者更快地记忆和理解新词汇。在汉语中,同一个音节可能因为声调的不同而代表不同的词汇或意义。

因此，在学习新词汇时，学习者如果能够准确掌握每个音节的声调，就能够更快速地记忆和理解这些词汇，避免混淆和误解。

第二，掌握声调有助于学习者更准确地运用句子。在汉语中，句子的意思往往受到句中各个词语声调的影响。例如，"不好吃"和"不，好吃"两个句子由于声调的不同，意思完全相反。因此，在学习新句子时，学习者需要正确掌握每个词语的声调，以确保句子的意思得到准确的传达。通过反复练习和实践，学习者可以逐渐掌握汉语的声调规律，提高自己语言表达的准确性和流畅性。

第二节　调值与调类

一、调值

在汉语语音中，调值是指声调的高低、升降、曲直的实际读音，它决定了每个音节在发音时的具体音高变化。调值是声调质的规定性，也是汉语音节发音的重要组成部分。掌握准确的调值对于汉语学习者来说至关重要，因为不同的调值会直接影响到词语的意义和句子的语法结构。

（一）调值的定义

调值是指声调在发音过程中的具体音高变化。在汉语中，每个音节都有固定的声调，而每个声调都有其特定的调值。调值的高低、升降、曲直等变化形式，决定了音节在发音时的音高走向和音高范围。

（二）调值的特点

调值的特点主要体现在以下几个方面。

1.精确性

调值的精确性是其最基本的特点。每个音节都有其特定的调值,这些调值在发音时需要被准确地发出。精确的调值能够使语言更加清晰、准确,有助于传达说话者的意图和情感。因此,在学习汉语的过程中,掌握每个音节的调值是非常重要的。

2.连续性

调值的连续性是指在发音过程中,音高的变化是连续的、平滑的,而不是跳跃式的。这种连续性要求学习者在发音时,要保持音高的稳定性和流畅性,避免出现突兀的音高变化。例如,在发上声调值时,音高需要先从中位降到低位,然后再升到次高位,整个过程中音高需要连续变化,不能出现突然的跳跃。

3.相对性

调值的相对性是指音高的高低是相对于其他音节或语境而言的。在不同的语境中,同一个音节的调值可能会发生变化。因此,在发音时,学习者需要根据前后音节或语境的音高来调整自己的音高,以保持声调的准确性。例如,在句子中,前一个音节的调值可能会影响到后一个音节的调值,使整个句子的发音更加自然、流畅。

4.稳定性

调值的稳定性是指在发音过程中,一旦确定了某个音节的调值,就需要在发音过程中保持这个调值的稳定性,不能随意改变。这种稳定性有助于保持语言的清晰度和准确性。例如,在发阴平调值时,音高需要始终保持在最高位,不能出现下降或上升的情况。

综上所述,调值的精确性、连续性、相对性和稳定性是其主要的特点。这些特点使调值在汉语语音中扮演着重要的角色,对于掌握准确的汉语发音和提高口语表达能力具有重要的意义。因此,在学习汉语的过程中,学习者需要认真体会每个音节的调值变化,并通过大量的练习和实践来逐渐提高自己的调值掌握能力。

（三）调值的表示方法

调值通常使用五度标记法来表示。五度标记法是一种用五度竖标来标记调值相对音高走势的方法。这五度分别用1、2、3、4、5来表示，其中1代表最低音高，5代表最高音高。例如，普通话中的阴平调值用55表示，表示音高始终保持在最高位；阳平调值用35表示，表示音高从中位升到最高位；上声调值用214表示，表示音高先从中位降到低位，然后再升到次高位；去声调值用51表示，表示音高从最高位降到最低位。

（四）调值的练习方法

要准确掌握每个音节的调值，学习者需要进行大量的练习和实践。以下是一些常用的调值练习方法。

1. 模仿录音

学习者可以通过模仿录音来进行调值练习。先听录音中的标准发音，然后尝试模仿并录制自己的发音，再与标准发音进行对比，找出差距并进行改进。

2. 与母语者交流

与母语者进行交流是提高调值准确性的有效方法。学习者可以与母语者进行对话，注意倾听母语者的发音并尝试模仿。通过不断交流和练习，学习者可以逐渐提高自己的调值感知能力和发音能力。

3. 刻意练习

刻意练习是指有针对性地进行调值练习。学习者可以选择一些典型的音节或词语进行反复练习，重点练习那些容易出错的调值。通过不断刻意练习，学习者可以逐渐提高自己的调值掌握能力。

(五)调值的发音训练

1. 高平调(55调)的发音训练

高平调是声调中调值最高的一种,发音时需要特别注意保持音高在高位且平稳进行。在发出高平调时,应避免音高出现明显的起伏或下降,确保声音在高音区保持平稳、均匀。为了发出自然、准确的高平调,学习者可以依据自己的自然声区来确定适当的音高,确保既不过高也不过低。过高的音高可能导致声带过度用力,而过低的音高则可能影响其他声调的正确发音。因此,找到适合自己的音高至关重要,这样既能保护声带,又能确保发音的准确性和流畅性。

普通话中发高平调的例字:
  妈 督 加
  先 通 之
  低 家 吧

普通话中发高平调的例词:
  开花 风筝 工兵
  开溜 波音 香椿
  参加 出击 乡村

2. 中升调(35调)的发音训练

中升调的发音听起来颇似小提琴、胡琴等弦乐器演奏时的滑音效果。发音时,声音起始于中声区,不高也不低,随后逐渐攀升至阴平的高度。这种音调的魅力在于其渐变的过程,仿佛是声音在琴弦上流畅地滑动。

在发出中升调时,有两点需要特别注意。

第一,过渡音必须发得完整,不能有任何跳跃。这就像是弦乐器在演奏滑音时,必须确保琴弦上的滑动是连续而平滑的,不能有任何突兀的跳跃。

第二,发音过程中不能出现"小尾巴"或是拐弯。这要求学习者在发音时,要确保声音的线性上升,避免在音高上升的过程中出现不必要的音变或杂音。

普通话中发中升调的例字：
　　麻　毒　芙
　　贤　铜　娃
　　爷　节　离

普通话中发中升调的例词：
　　迷人　革命　急性
　　平静　原则　联合
　　洁白　国旗　遗传

3.降升调(214调)的发音训练

降升调在发音时要求呈现先下降后上升的趋势,且下降的部分要短暂,上升的部分要相对较长。在掌握降升调的过程中,学习者需要注意以下四个要点。

第一,降升调的发音顺序是先降后升,这意味着在发音开始时要先降低音高,然后再逐渐升高。降的部分要确保降到最低位,而升的部分则要升到相应的音高。

第二,降升调中降的部分应该比升的部分短暂,不能降得过长而升得过短,这样会影响发音的准确性和自然度。

第三,降升调的过程应该是一个连续、自然滑动的音高变化。音高不能突然下降然后突然上升,也不能只降不升或先降再垂直上升。要保持音高变化的平滑和自然。

第四,降升调在发音结束时不应在尾音处出现拐弯或停顿。音高应该自然地过渡到下一个音节,保持语流的连贯性。

普通话中发降升调的例字：
　　马　甲　显
　　使　简　我
　　五　打　你

普通话中发降升调的例词：
　　美丽　宝贵　发展

马上　大姐　火车
　　雨水　白纸　非常

　　4. 全降调(51调)的发音训练

　　全降调在普通话发音中是一种特殊的调型，其特点是从较高的音高开始，然后持续下降到较低的音高，在整个过程中音高呈现直线下降的趋势，没有任何上升或拐弯。在发音时，需要注意以下几点。

　　第一，要确保音高起始于较高的位置。这通常意味着在发音前要做好准备，调整好声带和共鸣腔体的状态，使声音能够从较高的音高开始。

　　第二，音高要持续直线下降，不能出现拐弯或跳跃。这要求学习者在发音过程中保持声带的稳定振动，并控制好共鸣腔体的形状和大小，使声音能够平稳地下降。

　　第三，要确保下降的过程一气贯通，没有任何停顿或中断。这需要学习者在发音时保持气息的连贯性和稳定性，使声音能够流畅地发出。

　　普通话中发全降调的例字：
　　　骂　度　价
　　　县　地　勒
　　　页　卧　豆
　　普通话中发全降调的例词：
　　　下降　送入　进去
　　　电视　注意　毕业
　　　训练　大度　画像

二、调类

(一)调类的概念

　　调类就是声调的种类，是把调值相同的字归纳在一起所建立的类。普通话中有四个调类,即阴平、阳平、上声、去声,分别对应着不同的音高走势和调值。

(二)普通话的调类

普通话的每种调类都有其独特的音高走势和调值。这些调类在发音时具有不同的特点,对于普通话的准确发音和语音韵律的掌握至关重要。

1. 阴平调

阴平调是高平调,发音时声音始终保持较高的音高,没有明显的升降变化。调值为55,表示音高始终保持在5度。在发音时,要保持声带的稳定振动,控制好共鸣腔体的形状和大小,使声音能够平稳地发出。例如,字"妈""督""加""先"等都属于阴平调。

2. 阳平调

阳平调是中升调,发音时声音从中等音高开始逐渐上升到较高的音高。调值为35,表示音高从3度上升到5度。在发音时,要注意控制好声带的振动频率和共鸣腔体的变化,使声音能够自然地上升。例如,字"离""得""即"等都属于阳平调。

3. 上声调

上声调是降升调,发音时声音先下降再上升,形成一个曲折的音高走势。调值为214,表示音高从2度降到1度再升到4度。在发音时,要注意掌握好音高的转折点和变化幅度,使声音能够流畅地发出。例如,字"马""赌""甲""显""桶"等都属于上声调。

4. 去声调

去声调是全降调,发音时声音从较高的音高开始持续下降到较低的音高,呈现出直线下降的趋势。调值为51,表示音高从5度降到1度。在发音时,要确保音高从高到低的变化是连续而平稳的,不能出现突然的跳跃或中断。例如,字"骂""度""价""县"等都属于去声调。

(三)普通话调类和古汉语调类的比较

普通话和古汉语在调类系统上存在着显著的差异,这些差异主要体现在调类的数量、调值、调型以及调类与声母、韵母的关系等方面。下面将详细论述这些差异。

1. 调类数量的差异

普通话主要有四种调类:阴平、阳平、上声、去声。这四种调类在普通话中构成了相对稳定的语音系统,对于区分不同的词语和表达不同的情感语气起着重要作用。

相比之下,古汉语的调类数量较多。在不同的历史时期和地域,古汉语的调类系统有所差异,但通常包括平、上、去、入四种基本调类。其中,"入"声在普通话中已经消失,但在一些方言中仍然存在。古汉语的调类数量多于普通话,这反映了古汉语语音系统的复杂性和多样性。

2. 调值的差异

普通话的调值相对固定,阴平、阳平、上声、去声的调值分别为55、35、214、51。这些调值在普通话中是稳定且明确的,为发音者提供了清晰的指导。而古汉语的调值则较为灵活,不同历史时期和地域的调值有所不同,且受到声母、韵母等因素的影响。古汉语的调值变化范围较大,且存在多种不同的调值组合方式。这种灵活性使古汉语的语音系统更加复杂和多变。

3. 调型的差异

普通话的调型相对简单,主要是高低升降的变化。这种调型变化在普通话中较为稳定,为发音者提供了相对容易掌握的规律。而古汉语的调型则更为复杂,包括平、上、去、入等多种调型,且不同调型之间的变化也较为丰富。古汉语的调型变化不仅涉及高低升降,还包括曲折、促收等多种类型。这种复杂性使古汉语的语音系统更加难以掌握。

4.调类与声母、韵母的关系

在普通话中,调类与声母、韵母的关系相对固定。不同的声母、韵母组合可以形成不同的调类,而调类的变化也会影响声母、韵母的发音。这种关系在普通话中较为稳定,为发音者提供了明确的指导。

而在古汉语中,调类与声母、韵母的关系则更为密切。不同的声母、韵母组合可以形成不同的调类,同时调类的变化也会影响到声母、韵母的发音方式。这种关系在古汉语中更加复杂和多变,需要发音者具备更高的语音技巧和感知能力。

第三节　声调发音分析

声调是汉语语音的重要组成部分,它对于区分不同的词语、表达不同的情感和语气具有关键作用。本节将详细分析声调发音的各个方面,包括音高、音长、发音方法和语调等。

一、音高

音高在声调发音中起着重要作用,它是构成普通话声调系统的基础。在普通话的四个调类中,每个调类都有其独特的音高特征,这些特征不仅反映了声调的基本走势,还赋予了词语不同的意义和情感色彩。

首先,阴平调的音高始终保持不变,呈现出一种平稳、持续的状态。这种音高控制要求人们在发音时保持声带稳定的振动频率,同时调整共鸣腔体的形状大小,以产生持续的、稳定的音高。阴平调在句子中通常用来表达陈述、肯定等语气,给人以平稳、中性的感觉。

其次,阳平调的音高是从中等音高逐渐上升到较高音高。这种上升的趋势要求人们在发音时逐渐增加声带的振动频率,并适当调整共鸣腔体的形状大小,以实现音高的逐渐上升。阳平调在句子中通常用来表达疑问、不确定等语气,给人以上升、升高的感觉。

再次,上声调的音高变化是先下降后上升,形成一个曲折的走势。这种音高变化要求人们在发音时先降低声带的振动频率,然后逐渐增加,以形成曲折的音高变化。上声调在句子中通常用来表达转折、强调等语气,给人以起伏、曲折的感觉。

最后,去声调的音高是从较高音高逐渐下降到较低音高。这种下降的趋势要求人们在发音时逐渐减弱声带的振动频率,并调整共鸣腔体的形状大小,以实现音高的逐渐下降。去声调在句子中通常用来表达肯定、决断等语气,给人以下降、结束的感觉。

为了实现正确的音高变化,人们需要控制好声带的振动频率和共鸣腔体的形状大小。声带是发音过程中的关键部分,它的振动频率直接决定了音高的高低。通过调整声带的振动频率,可以实现不同的音高变化。同时,共鸣腔体的形状大小也会影响音高的表现。通过调整口腔、鼻腔等共鸣腔体的形状大小,人们可以改变声音的共鸣效果,进而实现正确的音高变化。

在发音时,还需要注意掌握不同调类的音高范围和变化趋势。每个调类都有其独特的音高特征和走势,人们需要通过不断练习和实践来掌握这些特征。只有准确地掌握不同调类的音高范围和变化趋势,才能在发音时准确地表现出来,从而提高语音表达的准确性和清晰度。

二、音长

音长作为声调发音中的重要因素之一,虽然在普通话的发音中不如音高那么显著,但其对声调的整体表现却有着不可忽视的影响。

在普通话的四个调类中,音长与调类之间存在着密切的关联,不同的调类通常伴随着不同的音长变化。

上声和去声在普通话中的音长相对较长。上声作为一种曲折调,其发音过程经历了从低音到高音再到低音的变化,因此发音者需要给予更多的时间来完整地发出这个调类,以确保音节的发音时长符合这一调类的要求。而去声则是一种下降调,发音时音高从高逐渐降低,同样需要较长的发音时长来展现其完整的走势。相比之下,阴平和阳平的音长则相对较短。阴平是一种平稳的调类,发音时音高保持不变,因此发音者只需在短暂的时间内保持稳定的音高即可完成这一调类的发音。阳平虽然是一个上升调,但其上升幅度相对较小,发音者只需在较短的时间内逐渐增加音高即可。

在发音时,控制好音节的发音时长是至关重要的。发音者需要根据所发调类的要求,精确地掌握每个音节的发音时长。过长或过短的发音时长都可能影响声调的整体表现,使发音听起来不自然或不符合普通话的规范。

除了发音时长外,保持音节的稳定性和连贯性也是至关重要的。发音者需要确保每个音节的发音都是清晰、稳定的,避免出现音节的断裂或不稳定的情况。同时,音节的连贯性也需要得到保证,以确保整个句子或词语的发音流畅、自然。

为了实现这一目标,发音者可以通过大量的练习和实践来提高自己的发音技能。通过反复模仿、练习和纠正发音,发音者可以逐渐掌握不同调类的音长要求,并在实际发音中加以应用。此外,发音者还可以借助录音设备或其他辅助工具来监听自己的发音,以便更好地发现自己的发音问题并加以改进。

三、发音方法

在普通话中,每一个调类都有其独特的发音特点,而这些特点往往是通过特定的发音方法来实现的。因此,掌握和运用正确的发音方法,对于准确表达不同的调类、增强语音的韵律感和表现力具有举足轻重的意义。

以阴平调为例,其发音方法要求保持声带稳定振动。这意味着在发音过程中,发音者需要确保声带以均匀的速度和幅度振动,从而产生平稳的音高。

阳平调的发音方法要求逐渐加强声带的振动。这意味着在发音过程中,发音者需要逐渐增加声带的振动幅度,从而实现音高的上升。

上声调的发音方法是声带先振动后减弱。这意味着在发音过程中,发音者需要先确保声带稳定振动,然后逐渐减弱声带的振动幅度,从而实现音高的下降。

去声调的发音方法则需要逐渐减弱声带的振动。这意味着在发音过程中,发音者需要逐渐减小声带的振动幅度,从而实现音高的逐渐降低。

在发音过程中,除了注意声带的振动状态外,还需要注意控制好共鸣腔体的形状大小。共鸣腔体的形状大小会直接影响声音的共鸣效果和音色,从而进一步影响声调的发音效果。因此,发音者需要根据所发调类的要求,适当调整共鸣腔体的形状大小,以确保发出的声音符合所发调类的要求。此外,发音的自然和流畅也是非常重要的。生硬或扭曲的发音不仅会影响声调的发音效果,还会影响整个句子的流畅性和自然度。因此,发音者需要在发音过程中保持自然、流畅的状态,避免出现生硬或扭曲的情况。

四、语调

语调作为整个句子的音高变化趋势,它不仅仅是一种语音现象,更是表达情感和语气的重要工具。语调的变化能够赋予语言以丰富的情感色彩,使说话者能够更好地传达自己的意图和情感。

在普通话中,语调的运用十分灵活多样,可以根据句子的情感要求进行选择。疑问句通常采用上升语调,这种语调使句子呈现出一种疑问、探询的语气,引导听者进行思考和回答。陈述句采用平稳语调,这种语调使句子显得客观、平稳,用于陈述事实或观点。而感叹句则采用下降语调,这种语调能够表达出强烈的情感,如惊讶、喜悦、愤怒等,使听者能够深刻感受到说话者的情感波动。

在发音时,要注意根据句子的情感要求来选择合适的语调。这需要学习者具备敏锐的语感和对情感的深入理解。同时,学习者还需要通过大量的实践来掌握不同语调的变化规律,以便在实际交流中能够自如地运用。除了表达情感和语气外,语调还能够影响句子的重音和节奏。在不同的语调下,句子的重音位置和节奏变化也会有所不同。因此,在发音时,学习者还需要注意协调好语调、重音和节奏之间的关系,使整个句子听起来更加和谐、自然。

综上所述,声调发音涉及音高、音长、发音方法和语调等多个方面。在发音过程中,需要注意控制好这些因素的变化趋势和程度,以确保发出的声音符合所发调类的要求。通过不断练习和实践,可以提高声调发音的准确性和自然度,使语音表达更加生动和丰富。

第四节　声调发音辩证

声调发音辩证是语言学中一个复杂而又精细的领域,它要求学习者在掌握单个声调发音方法的基础上,进一步理解不同声调之间的辩证关系,以及如何在实际语言中正确运用这些声调。对于学习普通话的人来说,正确理解和运用声调发音辩证是提高发音准确性和流畅性的关键。

一、声调之间的辩证关系

在普通话中,阴平、阳平、上声和去声四个声调各自具有独特的发音特点,它们在语言的运用中形成了丰富的韵律和节奏。然而,这四个声调并不是孤立存在的,它们在实际发音中呈现出一种紧密的辩证关系。

阴平和阳平虽然都属于平调,但它们的音高和发音方法却有所不同。阴平是一种高平调,发音时声带始终保持紧张状态,音高相对较高且稳定,给人一种明亮、清晰的感觉。而阳平则是一种中升调,发音时声带从不松不紧开始,逐渐绷紧,音高由中到高,呈现出一种平缓上升的趋势。这种音高和发音方法的差异使阴平和阳平在发音时具有明显的区分度,避免了混淆和误读。

　　上声和去声虽然都是降调,但它们的降调过程和音长却有所区别。上声是一种降升调,发音时声音先下降后上升,呈现一种曲折的变化。这种降升过程使上声在发音时具有一定的复杂性,需要发音者掌握好音高的变化和音长的控制。而去声则是一种全降调,发音时声音由高到低,呈现一种直线下降的趋势。这种降调过程相对简单,但需要注意音长的控制,避免发音过短或过长。

　　这种紧密的辩证关系使普通话的发音更加丰富多彩,同时也给发音者带来了一定的挑战。在发音时,学习者需要注意这些声调之间的细微差别,通过不断练习和实践来掌握它们的发音方法和变化规律。只有这样,学习者才能更好地运用这些声调来表达不同的情感和语气,使自己的发音更加准确、自然和流畅。

二、声调与语境的辩证关系

　　声调在普通话中的重要性不仅仅体现在它们自身之间的辩证关系上,更体现在与语境之间的密切关联中。这种关联展示了声调如何在实际交流中发挥至关重要的作用,使语言变得生动、具体,并充满了意义。

　　当说话者说"ma"这个词时,根据声调的不同,其意义会发生根本性的变化。在阴平调下,它传达的是对母亲的称呼,充满了温暖和亲切的情感。这种声调下的发音,往往伴随着柔和、平稳的音高,使听者能够立刻感受到说话者对母亲的深情。

　　然而,当说话者将"ma"这个词以去声调发出时,其意义则完全不同。此时,它表示的是一种责备或不满的情感,通常用于批评或指责他人。这种声调下的发音,音高会明显下降,给人一种严肃甚至严厉的感觉。这种变化不仅改变了词的意义,还传达了说话者的态度和情感。

这种声调与语境之间的辩证关系,使说话者在使用普通话进行交流时,必须更加注意声调的选择。在不同的语境下,说话者需要根据具体的情况和目的来选择合适的声调,以确保说话者的意思能够准确地传达给听者。

总之,声调与语境之间的辩证关系展示了普通话的丰富性和复杂性。在实际交流中,说话者需要根据具体的语境来选择合适的声调,以确保说话者的意思能够准确地传达给听者。这种对声调的敏感性和运用能力,是掌握普通话的重要一环,也是双方进行有效沟通的关键。

三、声调发音的辩证运用

为了提高声调发音的辩证运用能力,可以采取以下措施。

(一)多听多练

通过大量听取标准的普通话发音以及模仿并练习各种声调的发音,可以逐渐提高自己的听觉感知和发音技能。此外,与母语为普通话的人经常交流也是一个非常有效的方法,这可以帮助学习者更好地理解和掌握声调的实际运用。

(二)将声调与具体的语境结合起来

学习者需要意识到,在不同的语境下,同一个词可能会因为声调的不同而产生完全不同的意义。因此,在练习发音时,学习者应该尝试将声调与具体的语境相结合,理解不同声调在不同语境中的实际运用。这样学习者就能更好地掌握声调的辩证关系,并在实际交流中灵活运用。

（三）对比分析

学习者可以将普通话中的各个声调进行对比分析，找出它们之间的异同点，从而加深对声调发音辩证的理解。通过对比分析，可以更加清晰地感知到不同声调之间的细微差别，从而更好地掌握它们的发音方法和变化规律。

（四）反复纠正

在发音过程中，学习者应该敢于自我纠正，及时发现并改正自己的发音问题。这需要学习者保持耐心和毅力，不断练习和反思，直到取得满意的发音效果。

第五章 音 节

音节作为语言的基本声音单位,承载着发音的节奏与韵律。在汉语中,一个音节通常由声母、韵母和声调组成,它们共同构成了汉字的发音核心。学习音节不仅有助于掌握汉语这门语言的韵律美,也是连接语言学、文学和艺术的桥梁。

第一节 音节的内涵

一、音节的定义

音节是语音学中的一个基本概念,它指的是发音时人们自然感觉到的最小语音单位。音节由元音和辅音组成,是构成单词和句子的基础元素。每个音节都有其独特的音质,包括音高、音强、音长和音色等要素。

二、音节的分类

在普通话中,音节的划分有两种方法。

（一）从听觉入手对音节进行划分

从听觉入手对音节进行划分，即主要依据音节的响度来进行划分。响度，即在音高、音长、音强相等的条件下，一个声音相对于其他声音的音量大小。当元音、辅音、音高、音长、音强等因素相同时，元音通常比辅音响，低元音比高元音响，浊音比清音响，鼻音比擦音响，擦音比塞音响。因此，音节的中心往往是响度最大的音，而音节的分界线则是响度最小的音。这种方法对于大多数有辅音的音节是有效的，因为辅音往往位于音节的开头或结尾，造成响度的降低。然而，对于以元音或半元音开头或结尾的音节，这种分类方法可能会遇到一些困难。

（二）从发音器官的肌肉紧张度入手对音节进行划分

音节的划分，还可以从发音器官的肌肉紧张度这一角度来考虑。发音时，人类的发音器官肌肉会经历紧张和松弛的交替过程，这种张弛有度的变化是音节形成的关键。

1. 肌肉紧张度与音节形成

每当人们发出一个音节时，发音器官的肌肉都会经历一次从松弛到紧张再到松弛的过程。这种肌肉紧张度的变化实际上是音节形成的生理基础。例如，在发"饥饿（ji'è）"这个音时，人们的发音器官肌肉会在"j"和"i"之间经历一次紧张度的变化，同样在"è"的结尾处也会有一次肌肉紧张度的减弱。这种紧张度的变化，帮助学习者区分了不同的音节。

2. 音节分界与肌肉张弛交替

音节的分界线，实际上就是发音器官肌肉从紧张到松弛或从松弛到紧张的转换点。例如，在"心安（xin'ān）"和"西南（xi'nán）"这两个词组中，尽管它们都包含了相同的辅音"n"，但由于"n"所处的肌肉紧张度阶段不同,导致了它们被划分为两个不同的音节。在"心安"中,"n"处于前一个音节"xi"肌肉松弛的阶段,而在"西南"中,"n"则处于后一个音节"án"肌肉开始紧张的阶段。

值得注意的是,发音时几乎发音器官的所有肌肉都会参与活动,既有紧张的肌肉,也有松弛的肌肉,而且这种紧张与松弛的程度和实践都会有所不同。因此,从发音器官肌肉紧张度来划分音节的方法,虽然为学习者提供了一种新的视角,但仍需要进一步的学术研究和实验验证。

第二节　音节的结构

一、音节结构的类型

通过综合分析音节的构成,可以将音节结构分类如下。

(一)无声母音节

这类音节缺少声母部分,由韵头、韵腹、韵尾及声调构成。例如,友(yǒu)、"羊"(yáng)和"元"(yuán)。这些音节直接以韵头开始,没有辅音的启动。

(二)无韵头音节

这类音节缺少韵头,是由声母、韵腹、韵尾以及声调组成的。例如,"进"(jìn)、"白"(bái)和"赔"(péi)。在这些音节中,声母直接与韵腹相连,形成音节的主体。

（三）无韵尾音节

这些音节由声母、韵头、韵腹及声调构成,但不包含韵尾。例如,"家"（jiā）、"花"（huā）和"邪"（xié）。在这种结构中,音节以元音或元音组合结束,没有尾音。

（四）无声母无韵头音节

这种类型的音节既没有声母,也没有韵头,由韵腹、韵尾和声调组成。例如,"安"（ān）、"昂"（áng）和"挨"（ái）。这些音节以韵腹开头,紧接着可能是一个韵尾。

（五）无声母无韵尾音节

此类音节既不含声母,也不含韵尾,只有韵头、韵腹和声调。例如,"挖"（wā）、"压"（yā）和"月"（yuè）。音节以元音或元音组合开头,直接以声调结束。

（六）无韵头无韵尾音节

这类音节缺少韵头与韵尾,仅由声母、韵腹和声调组成。例如,"低"（dī）、"紫"（zǐ）和"妈"（mā）。音节从一个声母开始,紧随其后的是韵腹和声调。

（七）最简音节结构

这种音节结构极其简单,仅包含韵腹和声调,不含声母、韵头和韵尾。例如,"耳"（ěr）、"医"（yī）和"五"（wǔ）。这些音节由一个单独的元音或元音组合加上声调构成。

（八）完整音节结构

这些音节包含声母、韵头、韵腹、韵尾和声调，结构完整。例如，"疮"（chuāng）、"桥"（qiáo）和"拣"（jiǎn）。它们以声母开头，接着是韵头和韵腹，最后是韵尾，全都伴随着相应的声调。

二、音节结构的特点

汉语普通话的音节结构主要有以下几个特点。

第一，音节的结构复杂程度可以从其包含的音素数量来观察。在汉语音节中，最少可以由一个音素组成，如"鹅（é）"这一音节就仅由一个元音音素构成。而音节的最大复杂程度则可以达到包含四个音素，如"窗（chuāng）"这一音节就包含了声母"ch"、韵头"u"、韵腹"ā"和韵尾"ng"四个音素。值得注意的是，当音节只由一个音素构成时，这个音素通常是元音。

第二，在汉语音节中，虽然辅音声母、韵头或韵尾可以存在，也可以不存在，但韵腹和声调却是每个音节必不可少的部分。韵腹是音节中的主要元音，对于音节的发音和意义都有着决定性的作用。而声调则是汉语音节固有的，可以区别意义的声音的高低。

第三，元音在汉语音节中占据了很大的优势。每个音节至少都包含一个元音，如"度（dù）"这一音节中的"ù"。而元音的最大数量可以达到三个，且必须连续排列，分别担任韵头、韵腹和韵尾的角色，如"游（yóu）"。

第四，在汉语音节中，辅音并不是必需的，有些音节可以完全由元音构成，如"欧（ōu）"。当辅音出现时，它只能位于音节的开头作为声母，或者位于音节的结尾作为韵尾，如"窗（chuāng）"中的"ch"和"ng"。

值得注意的是，除了"ng"外，其他所有的辅音都可以作为声母出现。而在韵尾位置，只能使用"n"和"ng"这两个辅音。此外，汉语音节中不存在辅音相连的情况。

第五，在汉语音节中，韵头通常由高元音充当，如"i""u"和"ü"。而韵尾则可以由高元音，如"i""u"，或者鼻辅音，如"n""ng"来担任。这种韵头和韵尾的配置方式对于音节的发音和听觉效果有着重要影响。

　　第六，在汉语中，除了舌尖韵母"i"以外的所有单韵母，以及除了"ong"以外的所有鼻韵母和复韵母，都可以构成零声母音节。这意味着这些韵母在发音时不需要辅音声母来引导，可以独立成音。这种零声母音节的存在丰富了汉语的音节类型和发音方式。

　　除了前面提及的音节结构特点之外，还存在一些特别的情况值得关注，尤其是在汉语中一些特定的叹词里。这些叹词的音节结构独特，因为它们不包含传统意义上的元音，而是完全由辅音构成。例如，"嗯"表示应答意义时，是由浊鼻音ng（实际发音时，口腔前部不发音，声音主要来自鼻腔的共鸣）构成的单一辅音音节。而当"嗯"用来表示疑问时，它可能只包含单个辅音n。另一个例子是"哼"，它由两个紧密相连的辅音h和ng构成。

　　这类音节在汉语中并不常见，它们通常与特定的情感或语气表达相关。由于它们的独特性，在语音学习和理解的过程中需要特别注意。这些音节的存在展示了汉语音节结构的多样性和丰富性，同时也反映了语言在表达相应语境时的灵活性和表现力。

第三节　音节的拼读

一、音节的拼读步骤

汉语的每个音节基本上都可以通过以下步骤来拼读。

（一）识别声母

声母是汉语音节开头的那个辅音。在汉语中，并非所有的音节都有声母,但如果有,它通常是拼读音节的第一步。例如,"b"是"包"的声母,"t"是"他"的声母。

(二)识别韵母

韵母是音节中的元音部分,可以是单一的元音(如"a""e""i""o""u")或者是复合韵母(如"ai""ou""uan"等)。在声母之后发出韵母的音。如果音节没有声母,那韵母就是音节的开头,如"安"中的"an"。

(三)理解整体认读音节

一些音节需要作为一个整体来认读,尤其是那些由"zh""ch""sh""r""z""c""s"等声母加上"i"这个韵母组成的音节。这些音节并不是简单的声母和韵母的组合,它们有自己独特的发音特点,如"zh"+"i"发音为"zhi"。

(四)应用声调

普通话有四种声调,声调是音节拼读中的关键,因为不同的声调可能会改变一个词的意义。拼读时,不仅要正确发出声母和韵母,还要按照正确的声调来调整音高。

(五)连续练习

将声母、韵母和声调结合起来之后,就可以练习拼读完整的音节了。一开始可以缓慢地、分开地发音,随着熟练度的提高,逐渐加快速度并连贯地发音。

(六)注意例外和特殊规则

在实际语言使用中,有些音节的发音和拼写不完全符合基本的拼读规则,需要特别记忆。同时,需要注意实际语言环境中的连读、变调现象,这些情况下音节的发音可能会有所改变。

音节拼读的练习对于提高汉语发音的准确性和流畅性至关重要。通过反复练习,学习者可以更快地理解和掌握汉语的语音规律。

二、音节的拼读方法

在现代汉语中,音节的结构多样,除了少数由单个音素构成的简单音节外,大多数音节都是由两个或更多的音素组合而成。这种复杂的音节结构要求学习者必须掌握一定的音节拼读方法,以便能够准确地直呼音节。

为了有效地拼读现代汉语的音节,主要采用四种拼读方法:两拼法、三拼法、音素连读法和声介合拼法。

(一)两拼法

两拼法是最基本的拼读方法,适用于那些由声母和韵母组成的音节。在这种方法中,学习者首先将声母发清晰,然后迅速过渡到韵母,保持声带的振动和口腔的形状,从而发出完整的音节。例如,在拼读"ba"(爸)时,学习者首先要发出清晰的辅音"b",然后迅速过渡到元音"a",形成完整的音节。

(二)三拼法

三拼法适用于那些由声母、介母和韵母三个音素组成的音节。在这种方法中,学习者需要将声母、介母和韵母分别发出,然后迅速连接起来,形成一个完整的音节。例如,在拼读"jia"(家)时,学习者需要依次发出辅音"j"、介母"i"和元音"a",然后迅速将它们连接起来。

(三)音素连读法

音素连读法是将音节中的各个音素依次发出,然后迅速连接起来,形成一个连续的音流。这种方法适用于那些由多个元音或辅音音素组成的音节。例如,在拼读"liang"(亮)时,学习者需要依次发出辅音"l"、元音"i"和"a",然后迅速将它们连接起来,形成一个连续的音流。

(四)声介合拼法

声介合拼法则是将声母和介母合为一个整体,然后与韵母进行拼读。这种方法适用于那些声母和介母结合紧密、不易拆分的音节。例如,在拼读"qian"(千)时,学习者可以将声母"q"和介母"i"合为一个整体"qi",然后再与韵母"an"进行拼读。

三、音节拼读的发音情况

(一)送气声母与韵母(元音)拼读的发音情况

在普通话的语音系统中,送气音是一类重要的辅音。送气的塞音和塞擦音,包括声母 p、t、k、q、ch、c,它们的发音特点是在发出阻塞声音之后,声带并不立即振动发出元音,而是保持声门的开放状态,让肺部的气流迅速通过,这样的气流在通过声门和声道狭窄部位时会产生额外的摩擦声。这个过程产生了一个特有的送气过渡音。这种过渡音的产生,使送气辅音与非送气辅音形成对比,如"p"(非送气)和"pʰ"(送气),这种对比在普通话中是区分意义的重要音位特征。例如,"破"(po)和"剥"(bo)在普通话中就是通过送气与否来区分的两个不同的词。

　　送气的实现方式可以理解为一种控制气流的技巧。在发送气声母时,发音者通常会感觉到气流的额外推力,这种感觉就像是辅音后面跟着一个短暂的"h"音。实际上,如果将手放在口前,发送气的塞音或塞擦音时,可以明显感觉到气流的冲击。

　　送气的这一特性不仅体现在声门和声道的摩擦上,还表现为所谓的"清音清流",即送气音在发出后,气流保持清晰而有力,与非送气音相比,具有更为明显的气流感和清晰度。这是普通话中一个重要的语音现象,对于语言的清晰度和区分不同意义的词汇起着关键作用。

(二)不送气声母与韵母(元音)拼读的发音情况

　　在普通话的发音体系中,不送气的塞音和塞擦音,如b、d、g、j、zh、z的发音特征与送气音明显不同。当发出这些不送气的辅音时,气流的释放更为迅速和紧凑,导致它们的音长相对较短,而且在释放阻塞后,声带几乎立即开始振动,没有送气音那样的明显过渡气流。

　　这些声母的过渡音也相对较短。过渡音,也被称为前流,是指从辅音过渡到元音时的那段瞬间声音。实验语音学的研究表明,这些不送气塞音的过渡音含有接下来韵母的信息,也就是说,这些不送气声母的发音方式预示了后续元音的发音特征。这种现象说明这些辅音声母到韵母的过渡是平滑而迅速的,因此可以称这种过渡音为"清音浊流"。

　　在普通话中,"b""d""g"等不送气塞音和塞擦音的声母的声音起始时,由于没有明显的气流推动,它们的发音听起来比送气音更加柔和,不那么突出。这些声母的过渡音短且紧凑,在普通话的流畅语流中,它们帮助形成了清晰的音节界限,同时也保持了语言的节奏感。

第二篇 普通话语音知识

(三)浊辅音声母与韵母(元音)拼读的发音情况

在普通话中,浊辅音声母 m、n、l、r 被归类为"浊音",这些声母在与韵母(元音)组合拼读时,具有连贯的声带振颤特性。这意味着在发声过程中,声带从开始发出浊辅音直到元音结束,都处于连续振动状态,没有中断。

需要指出的是,m、n 是鼻音辅音,它们的发音涉及气流通过鼻腔,同时声带振动产生声音。当与元音相拼时,这些声母的声音自然过渡到随后的元音,因为它们的发音机制允许声音的连续性和流畅性。比如,在发"ma"(妈)这个音时,从"m"的发音到"a"的发音之间,声带的振动是没有停止的。

l 和 r 则是舌尖音,它们的发音涉及舌尖与上腭接近或轻微接触。在与元音拼读时,"l"和"r"的声带振颤与元音的发音也是连续的,形成了无缝的过渡。例如,"la"(拉)和"ran"(然)在发音时,声带的振颤从声母持续到元音,没有明显的断裂。

由于这种连续的声带振颤,这些浊音声母后的过渡音被称为"浊音浊流"。这种浊流的特点是声音的持续性和饱满性,使辅音和元音之间的连接显得顺滑和自然。在普通话中,这种声母到元音的平滑过渡对于确保语音的流畅性和连贯性至关重要,也是普通话韵律和节奏的重要组成部分。

(四)清擦音声母与韵母(元音)拼读的发音情况

普通话中的清擦音声母 f、h、x、sh、s 在发音时,都有一个明显的摩擦特点,这是因为发音器官的某部分与气流形成了紧密接触,从而产生了摩擦声。由于摩擦声的这一特性,擦音在发音时可以自然地延长气流,而不需要像塞音那样突然中断。例如,当发出"f"音时,下唇与上齿之间的气流产生摩擦声,并且这种摩擦声可以根据发音者的意愿在一定程度上延长。同样,当发出"s"音时,舌尖或舌前部与硬腭接近,气流通过这个狭窄的空间时产生摩擦声。由于这些声母的发音特征，它们与后续元音之间的连接可以非常流畅，形成了一种充满清晰摩擦声的连续声音流。

例如，"fu"（夫）在发音时，从"f"的摩擦声到"u"的元音之间，气流是连续的，没有停顿，构成了一个清晰的音节。在"shi"（师）中，从"sh"的摩擦声到"i"的元音也是平滑过渡，气流在整个过程中是均匀和连续的。

因此，擦音声母后面的过渡音被称为"清音清流"。这种清流的特点是气流的连续性和一致性，使辅音与元音之间的过渡既清晰又自然。这不仅有助于形成普通话中独特的清晰和流畅的语音特征，而且在实际交流中也使听者能够更容易辨识和理解发言者的意图。

四、音节拼读中声母和韵母的配合

在现代汉语中，音节的拼读过程并不是随意的，而是受到一定的规则限制。这些限制主要源于声母和韵母之间的配合关系。在普通话中，声母和韵母的结合是有限制的，这导致最终能够拼读出来的音节形式大约有410个。这种限制的存在，使汉语的音节结构既丰富多样又具有一定的规律性。

从声母的角度来看，发音的部位是决定其与韵母配合的关键因素。汉语中的声母按照发音部位可以分为唇音、舌音、齿音、喉音等几类。每类声母都有其特定的发音部位和发音方法，这决定了它们只能与特定类型的韵母相结合。例如，唇音声母如"b、p、m、f"只能与开口呼韵母相配合，而不能与齐齿呼、合口呼或撮口呼韵母结合。

从韵母的角度来看，"四呼"是限制其与声母配合的主要因素。四呼分别是开口呼、齐齿呼、合口呼和撮口呼，它们代表了韵母发音时口腔的不同形状和舌位。不同的韵母属于不同的呼类，这决定了它们能够与哪些声母相结合。例如，开口呼韵母如"a、o、e"可以与大多数声母相结合，而撮口呼韵母如"ü"则只能与少数几个声母相配合。这虽然限制了音节形式的数量，却使汉语的音节结构更加有规律可循。通过了解和掌握这些规律，学习者可以更加有效地进行

第二篇　普通话语音知识

汉语音节的拼读和发音。

具体来说,音节拼读中声母和韵母的配合可以概括为以下几点。

第一,只有零声母(即没有声母的音节)和舌尖中音声母 n、l 可以与"四呼"韵母全部相拼。这意味着这些声母具有较广的配合范围,能够与各种类型的韵母结合形成音节。

第二,双唇音声母 b、p、m 在配合韵母时,主要限于开口呼和齐齿呼。它们不能与撮口呼韵母相拼,这是由于撮口呼韵母的发音特点与双唇音声母的发音部位不兼容。此外,当双唇音声母与合口呼韵母相拼时,仅限于单韵母 u,这是因为合口呼韵母中的其他元音与双唇音声母的结合不符合汉语的语音规律。

第三,唇齿音声母 f 在配合韵母时,主要限于开口呼韵母。它不能与齐齿呼韵母相拼,这是由于齐齿呼韵母的发音需要舌尖抵住上齿龈,而唇齿音声母的发音则需要上齿与下唇接触。此外,当唇齿音声母与合口呼韵母相拼时,仅限于单韵母 u,同样是因为其他合口呼韵母与唇齿音声母的发音特点不兼容。

第四,舌尖中音中的 d、t 在配合韵母时,可以与开口呼、齐齿呼和合口呼韵母相拼。然而,它们不能与撮口呼韵母相拼,这同样是由于撮口呼韵母的发音特点与舌尖中音声母的发音部位不匹配。另外,n、l 这两个舌尖中音声母则能够与"四呼"韵母全部相拼,显示出较广的配合范围。

第五,舌根音声母 g、k、h,舌尖后音声母 zh、ch、sh、r 以及舌尖前音声母 z、c、s,在配合韵母时,都仅限于开口呼和合口呼韵母。这些声母与开口呼和合口呼韵母的配合关系较为紧密,而与齐齿呼和撮口呼韵母的配合则较为有限。

第六,舌面音声母 j、q、x 在配合韵母时,主要限于齐齿呼和撮口呼韵母。它们不能与开口呼、合口呼韵母相拼,这是由于开口呼和合口呼韵母的发音特点与舌面音声母的发音部位不兼容。这种配合关系使舌面音声母在形成音节时具有独特的音质和发音特点。

五、音节拼读中形式和声调的配合

在现代汉语中,音节形式与声调的配合呈现出一种复杂而多样的关系。这种配合关系并非完全有规律可循,但仍然存在一些重要的规律性特点。

需要明确的是,不同的音节形式在配合声调时会有不同的表现。有些音节形式能够与阴、阳、上、去四个声调相配,如音节"ba"和"guo",它们都能够出现在四种不同的声调中。然而,也有一些音节形式不能与四声全部相配,它们可能只能与某一种或几种声调相配。例如,音节"se"通常只能配合去声调,而"mang"则主要配合阳平调和上声调。另外,还有一些音节形式,如"mai",甚至无法配合阴平调。

尽管现代汉语中音节形式和声调配合关系的规律性不是很强,但仍然可以总结出一些重要的规律。其中,有三条规律是尤为重要的。

第一,对于b、d、z、zh、j、g这六个不送气塞音和塞擦音声母来说,当它们与鼻韵母相拼时,基本上不会念作阳平调。只有少数的例外情况,如"beng"(甭)、"gen"(哏)等字。然而,当这些声母与非鼻韵母相拼时,通常能够与阴平、阳平、上声、去声四种声调相配。

第二,p、t、c、ch、q、k这六个送气声母在配合任何韵母时,都能够出现四种不同的声调。这意味着这些声母在发音时,其声带的振动与否并不会影响它们与声调的配合关系。

第三,m、n、l、r这四个浊声母在音节形式中很少念作阴平调。当它们出现时,通常仅限于口语中的一些常用字,如"ma"(妈)、"mao"(猫)、"niu"(妞)、"nian"(蔫)、"liu"(溜)、"reng"(扔)等。这些字虽然数量不多,但在日常交流中却非常常见,因此需要特别注意它们的发音和声调配合的关系。

六、音节拼读的注意事项

在进行现代汉语音节的拼读时,学习者必须关注多个方面,以确

第二篇　普通话语音知识

保拼读的准确性和流畅性。

第一，拼读不仅仅是将声母和韵母简单地结合在一起，而是需要将整个音节的声调也准确地读出来。在现代汉语中，声调具有极其重要的区别意义的作用。例如，"ma"这个音节，根据声调的不同，可以表示"妈""麻""马"和"骂"等完全不同的意思。因此，在拼读时，学习者必须充分注意并准确读出音节的声调，否则可能会导致意义的混淆。

第二，要保证声母和韵母的连贯性。在拼读过程中，声母和韵母应该是一气呵成、连贯无间的。如果在拼读过程中出现停顿，那么整个音节听起来就会显得支离破碎，失去了原有的完整性和流畅性。例如，在拼读"gǔ"（谷）这个音节时，如果学习者在"g"和"ǔ"之间出现停顿，那么它就会被错误地拼成"gē wǔ"（歌舞），这与原意相去甚远。

第三，需要确保声母、韵母和声调的调值都准确无误。任何一个要素发音不准确，都可能导致整个音节拼读的失误。例如，如果学习者在拼读"bāo"（包）这个音节时，将声调读成了上声，那么它就会变成"bǎo"（宝），意思完全改变。

第四，对于那些带有韵头的韵母，在拼读时一定要将韵头念准，并且念得轻短。韵头是韵母的一部分，它对于音节的发音和意义都有一定的影响。如果学习者在拼读时忽略了韵头或者念得不准确，那么整个音节的发音就会受到影响。例如，在拼读"luàn"（乱）这个音节时，如果学习者丢失了韵头"u"，那么它就会变成"làn"（烂），意思完全不同。

第五，在进行音节拼读时，学习者应该使用声母的"本音"与韵母相拼，而不是使用它们字母的名称。声母的"本音"是指声母在没有其他音素干扰时的发音。学习者在平常念声母时，通常会加上一个元音来使其更加响亮和清晰。但是，在音节拼读时，学习者必须使用声母的本音，不能再带上元音。否则，就可能会出现将"fǔ"（腐）拼成"fǒu"（否）这样的错误。

综上所述，现代汉语音节的拼读是一项需要细心和技巧的任务。

学习者必须充分注意声调、声母、韵母以及韵头的发音准确性,同时确保使用声母的本音进行拼读。只有这样,学习者才能准确地拼读出每个音节的意义和发音。

第四节 音节的拼写

一、音节的拼写规则

（一）y、w 的用法

在现代汉语中,字母 y 和 w 的使用不仅仅是为了表示特定的音素,更重要的是它们起到了分割音节的作用,使音节之间的界限更加清晰。这种用法的规定有助于学习者更准确地发音和理解词汇。为了正确掌握 y 和 w 的用法,学习者需要注意以下几点。

第一,y 和 w 的使用主要限于齐齿呼、合口呼和撮口呼这三类自成音节的韵母。这意味着当韵母以 i、u、ü 开头时,可能需要使用 y 或 w 来辅助发音。

第二,当 i 行韵母自成音节,并且音节中除了 i 之外没有其他元音时,需要在音节前面加上 y。这类韵母共有三个,分别是 i、in 和 ing。例如,在音节"yi"中,加上了 y 来辅助发音。

第三,当 i 行韵母自成音节,并且音节中除了 i 之外还有其他元音时,需要将 i 改为 y。这类韵母共有 7 个,包括 ia、ie、iao、iou、ian、iang 和 iong。例如,在音节"yao"中,将 i 改为了 y。

第四,当 u 行韵母自成音节,并且音节中除了 u 之外没有其他元音时,需要在音节前面加上 w。这类韵母只有一个,即 u。例如,在音节"wu"中,加上了 w 来辅助发音。

第五,当 u 行韵母自成音节,并且音节中除了 u 之外还有其元音时,需要将 u 改写为 w。这类韵母共有 8 个,包括 ua、uo、uai、uei、uan、uen、uang 和 ueng。例如,在音节"wan"中,将 u 改写为了 w。

第六,当 ü 行韵母自成音节时,需要在前面加上 y,并且省略 ü 上的两点。这类韵母共有 4 个,包括 ü、üe、üan 和 ün。例如,在音节"yue"中,加上了 y 并省略了 ü 上的两点。

综上所述,y 和 w 在现代汉语中的用法主要是为了分割音节并使音节之间的界限更加清晰。通过掌握上述几点注意事项,学习者可以更准确地使用 y 和 w 来辅助发音和理解词汇。

(二) 省写

省写主要包括两种情况。

1. ü 上两点的省略

在普通话中,对于 ü 行字母(即韵母为 ü、üe、üán、üěn、üáng、üéng)的发音和拼写规则,有着严格而具体的规定。这些规定不仅关系到语音的准确性,也影响到汉字的正确书写。

首先,当 ü 行字母与舌尖中音声母 n、l 相拼时,ü 上的两点是不能省略的。这是因为在这些组合中,ü 的发音与 n、l 声母结合紧密,形成特定的音节。例如,在"吕"字中,韵母 ü 与声母 l 相拼,写作"lǚ",ü 上的两点必须保留,以表示这个音节的准确发音。

其次,当 ü 行字母与舌面音声母 j、q、x 相拼时,ü 上的两点则需要省略。这是因为 j、q、x 这三个声母与 ü 相拼时,发音时舌面贴近硬腭,气流受到阻碍而发出清脆的音,ü 上的两点省略后,可以更好地表现出这种发音特点。例如,在"序"字中,韵母 ü 与声母 x 相拼,写作"xù",ü 上的两点被省略。

最后,当 ü 行字母自成音节时,即作为单独的音节出现时,也需要将 ü 上的两点省去。这是因为在这种情况下,ü 已经失去了与其他声母相拼的功能,成为一个独立的音节。例如,在"曰"字中,韵母 ü 自成音节,写作"yuē",ü 上的两点被省略。

125

2.uei、uen 和 iou 的省写

在汉语拼音中，uei、uen、iou 等韵母的拼写会根据它们是否与声母结合而有所不同。这些规则有效地简化了拼写，同时保持了发音的一致性。

当 uei、uen、iou 这些复合韵母与辅音声母相拼（也就是它们不是一个音节的开头）时，中间的 e、o 通常省略，但这种省略不影响发音。例如，"推"原本的完整拼音应为 tuei，但根据规则，它省略为 tuī；"困"原本的完整拼音为 kuen，省略为 kùn；"求"原本的完整拼音为 qiou，省略为 qiú。这种省略是为了拼写的方便，并且这些音节在实际发音时省略和不省略 e、o 听起来是相同的。

当 uei、uen、iou 这些韵母单独成音节，即它们位于音节的开头时，中间的 e、o 则不能省略，因为这些元音是构成音节的关键部分。

在这种情况下，为了标明音节的开始，还需要在这些韵母前添加 y 或 w。这是为了避免与单个元音字母相混淆，并明确音节的界限。例如，"微"包含了原始韵母 uei，因为它是音节的开头，所以拼写为 wēi，中间的 e 不省略；"闻"包含了原始韵母 uen，拼写为 wén；"幽"包含了原始韵母 iou，拼写为 yōu。

需要注意的是，使用 w 和 y 作为音节的开头可以帮助区分 uei、uen、iou，是作为独立的音节出现，而非与前面的声母相结合。

了解并运用这些规则，可以帮助学习者正确地进行汉语拼音的读写。这些规则在教学和日常使用汉语拼音时都是非常重要的。

（三）隔音符号的用法

在普通话中，音节是构成词汇的基本单位，而辅音声母则是音节界限的一个重要标志。普通话中大约有 400 个常用的音节，其中绝大部分音节都包含辅音声母。在进行音节连写时，辅音声母的存在有助于学习者清晰地感知和区分不同的音节。然而，在以 i、u、ü 开头的零声母音节中，由于没有辅音声母作为界限标志，音节的界限可能会变得模糊。为了解决这个问题，学习者通过在零声母音节前加

写或改写成 y、w 来标明音节的界限。这样原本以 i、u、ü 开头的零声母音节就转变成了以 y、w 为辅音声母的音节，从而清晰地界定了音节的边界。

尽管如此，当以 a、o、e 开头的音节紧跟在其他音节之后时，音节的界限仍然有可能发生混淆。为了解决这个问题，引入了隔音符号"'"。这个符号的作用是在可能产生混淆的地方明确标出音节的界限，从而避免发音或书写上的错误。

例如，在"xi'an"和"xian"这两个音节中，如果没有隔音符号，学习者可能会将它们混淆为同一个音节。但是，通过在"xi'an"中的 a 前加上隔音符号"'"，就明确地标出了音节的界限，使这个音节与"xian"区分开来。同样，在"dang'an"和"dangan"这两个音节中，隔音符号也起到了明确界限的作用。为了保证规则的一致性和准确性，当遇到以 a、o、e 开头的音节和前面的音节相连时，不论界限是否发生混淆，学习者都应该使用隔音符号。这样做可以确保每个音节的界限都清晰明确，避免出现发音或书写上的错误。通过遵循这一规则，学习者可以更好地掌握普通话的音节结构，提高语音的准确性和规范性。

（四）声调符号的用法

声调的正确标注不仅关乎语音的准确性，更影响到语义的清晰传达。在标注声调时，学习者需要遵循一系列规则，以确保每个音节都能得到恰当的标识。

第一，声调符号应该标在主要元音（韵腹）上。这是因为主要元音是音节中最响亮、最核心的部分，它决定了音节的音质和音色。例如，在音节"tì"中，声调符号就应该标在元音"i"上，表示这是一个四声的音节。

第二，通常需要标注的是音节的原调，而不是变调后的声调。变调是汉语中一种常见的语音现象，它发生在词语组合或句子中，以调整音节的发音以适应整体的语音节奏和韵律。但是，在标注单个音节时，应该遵循其原始声调，而不是变调后的声调。例如，在"bùqù"中，"bù"是原调四声，"qù"是原调四声，而不是标注它们在句子中可能发生的变调。

第三，当调号需要标在字母 i 上时，需要将 i 上的圆点去掉。这是因为声调符号本身已经包含了足够的信息来标识音节的声调，而 i 上的圆点则是一种额外的标记，可能会干扰到声调符号的识别。例如，在"chuī"中，调号标在 i 上，同时去掉 i 上的圆点，清晰地表示这是一个一声的音节。

第四，轻声的音节是不需要标注调号的。轻声是汉语中的一种特殊声调，它通常出现在助词、语气词或名词的后缀中，具有较弱的发音强度和较短的发音时长。由于其发音特点，轻声音节不需要用额外的声调符号来标识。例如，在"māma"中，"ma"是一个轻声音节，就不需要为它标注调号。

第五，当韵母 uen 省写为 un 时，调号需要标在元音 u 上。同样，当韵母 uei、iou 前拼声母省写作 ui、iu 时，调号要标在后一个元音上。这是因为省写后的韵母仍然保持了原有的发音特点和声调属性，学习者需要通过调号来正确标识它们的声调。例如，在"tún"中，调号标在 u 上，表示这是一个二声的音节；在"zhuī"中，调号标在 i 上，表示这是一个一声的音节；在"diū"中，调号标在 u 上，表示这是一个一声的音节。

（五）"双声母"的简写

"双声母"实际上是汉语拼音中的一类声母，它们在拼写时由两个字母组成。在汉语拼音中，"双声母"并不是正式的术语，但这里用它来指代那些由两个字符表示的复合声母。汉语拼音中的这些复合声母包括：

  zh，如"知"（zhī）
  ch，如"吃"（chī）
  sh，如"书"（shū）

在某些汉语拼音教学或者简化拼写的系统中,可能会对这些复合声母进行简写。然而在标准的汉语拼音系统中,这些复合声母是不简写的。尽管如此,个别地方可能会采用简化的表示方式。比如:

将"zh"简写为"ẑ"

将"ch"简写为"ĉ"

将"sh"简写为"ŝ"

将"ng"简写为"ŋ"(在一些语言中,如越南语,这个字符用于代表类似于汉语中"ng"的声音,但在汉语拼音中不使用此简写)

需要指出的是,这些简写并不属于官方认可的汉语拼音拼写规则。在标准汉语拼音系统中,复合声母"zh""ch""sh",和单声母"n"后面接韵母"g"发音的"ng",都是完整地写出来的,没有简写形式。例如:

"知道"正确拼写为"zhīdào",而不是简写形式。

"吃饭"正确拼写为"chīfàn",而不是简写形式。

"书本"正确拼写为"shūběn",而不是简写形式。

"动"正确拼写为"dòng",而不是简写形式。

在标准汉语拼音学习和使用中,遵循正确的拼写规则是至关重要的,以保证正确的读音和书写形式。简写虽然在一些特定环境下可能会被用来节省空间或加快书写速度,但不推荐在正式学习和使用汉语拼音时采用。

二、《汉语拼音正词法基本规则》

《汉语拼音正词法基本规则》是在《汉语拼音方案》的框架内,对词汇拼写方式做出的更为详细和具体的规定。这些规定并不是随意制定的,而是基于汉语的语音特点、语义需求以及词形的美观和易读性等多方面因素综合考虑的结果。以下是对《汉语拼音正词法基本规则》的几点主要归纳。

普通话教学研究

（一）词语拼写的总规则

第一，拼写普通话时，主要以词为单位进行书写。这意味着学习者通常会将一个完整的词作为一个整体来拼写，而不是将其拆分成单个的音节或字母。这样的拼写方式有助于保持词语的整体意义和发音的准确性，同时也更符合汉语的自然发音和语义表达。这样的拼写方式不仅方便了读者的理解和阅读，也提高了汉语拼音在国际化交流中的使用效率。例如：

振兴（zhènxīng） 即使（jíshǐ） 鲜艳（xiānyàn）

此规则适用于固定搭配或者已经形成的词组。通过这种方式，汉语拼音不仅传达了发音，也反映了汉语词汇的结构和语义信息。这有助于学习者更好地理解和掌握汉语的词汇特点。

第二，表示一个整体概念的双音节和三音节结构，连写时通常遵循一定的规则。在汉语中，这样的结构通常是为了表达一个具体的名词、动词或形容词等概念。例如，"种田"是由"种"和"田"两个音节组成的双音节词，表示一种农业活动；"秋海棠"则是由"秋""海"和"棠"三个音节组成的三音节词，指的是一种花卉。同样，"对不起"是一个由"对""不"和"起"三个音节组成的三音节词，通常用于表达歉意或道歉。而"木棉花"则是由"木""棉"和"花"三个音节组成的三音节词，指的是一种常见的植物。

在连写这些双音节和三音节结构时，通常会将它们作为一个整体来写，而不是将它们分开。这是因为在这些结构中，各个音节之间的关系是固定的，分开写会破坏它们的整体意义。

需要注意的是，这些双音节和三音节结构在连写时，可能会因为不同的语境或方言而有所变化。因此，在实际使用中，需要根据具体情况进行选择和调整。

第三，对于四音节以上的名称，如果它们表示一个整体概念，通常应该按照词或语节来分开写。这样做有助于清晰地传达每个词或语节的意义，并方便读者理解。例如，"无缝钢管"是一个四音节的名称，由"无缝""钢"和"管"三个词组成，因此应该写成"wúfèng gāngguǎn"。同样,"环境保护规划"是一个六音节的名称,由"环境保护"和"规划"两个词组成,所以应分开写为"huánjìng bǎohù guīhuà"。这样做不仅符合语言习惯,还有助于准确传达名称的含义。然而,有些名称可能无法按照词或语节来明确划分。在这种情况下,建议将它们全部连写,以保持名称的完整性和一致性。例如,"红十字会"是一个无法按词划分的名称,因此应连写为"hóngshízihuì"。

总的来说,在连写四音节以上的名称时,应该根据名称的结构和意义来决定是否分开写。如果名称能够清晰地划分为不同的词或语节,那么应该分开写;如果无法明确划分,则应该全部连写。这样做有助于确保名称的准确性和易读性。

第四,关于重叠词的拼音拼写规则,汉语中有明确的规定。对于单音节词的重叠,如"哥哥"和"刚刚",拼音应该连写,不加间隔。例如,"哥哥"应写作"gēge","刚刚"应写作"gānggāng"。然而,对于双音节词的重叠,如"打扫打扫"和"笔直笔直",拼音应该分写,即每个音节分开写。同时,在重叠并列的结构中,如"AABB"式,需要在两个音节之间加上短横来表示重叠。这样,"打扫打扫"应写作"dǎsǎo-dǎsǎo","笔直笔直"应写作"bǐzhí-bǐzhí"。

这样的拼写规则有助于准确传达重叠词的意义,同时保持拼音的整洁和易读性。在实际应用中,遵循这些规则能够使读者更清晰地理解重叠词的含义,避免混淆或误解。

(二)名词的拼写规则

第一,当名词与单音节前加成分(如副词、总、非、反、超、老、阿、可、无等)和单音节后加成分(如子、儿、头、性、者、员、家、手、化、们等)结合时,这些成分与名词的拼音应该连写,形成一个整体。这样的连写有助于保持词汇的完整性和准确性,同时方便读者理解和发音。例如,"非业务人员"中的"非"是前加成分,"业务人员"是名词,它们的拼音应该连写为"fēiyèwùrényuán"。同样,"超声波"中的"超"是前加成分,"声波"是名词,它们的拼音应该连写为"chāoshēngbō"。

对于单音节后加成分，比如"椅子"中的"子"和"石头"中的"头"，它们与前面的名词音节也是连写的。因此，"椅子"的拼音为"yǐzi"，"石头"的拼音为"shítou"。

需要注意的是，在连写这些成分时不需要添加任何间隔或标点符号，以保持拼音的整洁和易读性。同时，要遵循汉语拼音的规则和标准，确保拼写的准确性。

第二，当名词与后面的方位词结合时，它们的拼音应该分写，即名词和方位词之间需要有一个空格或间隔。这样做有助于清晰地表达名词和方位词之间的关系，也有助于读者的理解和发音。例如，"树上"中的"树"是名词，"上"是方位词，它们的拼音应该分写为"shù shàng"。同样，"山下"中的"山"是名词，"下"是方位词，它们的拼音也应该分写为"shān xià"。

在分写名词和方位词的拼音时，应保持适当的间隔，避免过于紧凑或过于宽松。这样可以确保拼音的整洁和易读性，也有助于提高读者的阅读体验。此外，对于其他类型的词汇如动词、形容词等，与方位词结合时也需要遵循相应的拼音拼写规则。在实际应用中，可以根据具体的语境和需要来选择合适的拼写方式，以确保表达的准确性和易读性。

第三，在拼写汉语人名时通常将姓和名分开写，每个词的开头字母都要大写。这样的拼写方式有助于区分姓和名，也符合国际通用的姓名拼写规则。以司马迁为例，其姓为"司马"，名为"迁"。在拼写时应将姓和名分开，即"Sīmǎ Qiān"。同样，李世民的姓为"李"，名为"世民"，拼写为"Lǐ Shìmín"。

对于笔名、别名等，也应按照姓名的拼写方法处理。例如，萧何的笔名为"萧"，拼写为"Xiāo"；沈德鸿的笔名为"茅盾"，拼写为"Máo Dùn"。

在拼写汉语人名时，还应考虑具体的语境和需要。有时为了方便读者阅读或符合特定的格式要求，可能需要将姓和名连写或缩写。但无论如何都应确保拼写的准确性和规范性，以避免引起误解或混淆。

第二篇 普通话语音知识

第四,在拼写汉语地名时通常遵循专名和通名分写的原则。专名是指地名的专有部分,如省份、城市、山脉等;通名则是指地名的通用部分,如省、市、山、河等。在拼写时,应将专名和通名分开,并且每个部分的第一个字母都要大写。以河北省为例,其中"河北"是专名,"省"是通名。在拼写时,应写为"Héběi Shěng",其中"Héběi"是专名,"Shěng"是通名,每个部分的第一个字母都大写。同样,"天津市"中的"天津"是专名,"市"是通名,拼写为"Tiānjīn Shì";"泰山"中的"泰"是专名,"山"是通名,拼写为"Tài Shān";"黄河"中的"黄"是专名,"河"是通名,拼写为"Huáng Hé"。

遵循专名和通名分写的原则有助于清晰地表达地名的结构和含义,同时也符合国际通用的地名拼写规则。在实际应用中可以根据具体的地名和需要来选择合适的拼写方式,以确保拼写的准确性和规范性。

第五,当专有名词由几个词组成时,每个词的第一个字母都应大写,并且这些词之间应该分写,以保持清晰和准确。这样做有助于区分不同的部分,并突出每个词的意义。以"和平宾馆"为例,由"和平"和"宾馆"两个词组成。在拼写时,每个词的第一个字母都应大写,即"Hépíng Bīnguǎn"。同样,"人民日报"由"人民""日报"两个词组成,拼写为"Rénmín Rìbào"。

当专有名词中包含的词数量较多时,也应遵循这一规则。例如,如果一个机构的全称由三个或更多的词组成,每个词的第一个字母都应大写,并且这些词之间应该分写。

第六,当专有名词和普通名词连写在一起时,第一个字母要大写,并且拼音要连写,以形成一个整体。这样的拼写方式有助于表达二者之间的紧密联系,并形成一个完整的名词概念。以"中国人"为例,其中"中国"是专有名词,指代一个特定的国家,而"人"是普通名词,表示一类生物。在拼写时,应将它们连写为"Zhōngguórén"。同样,"上海话"中的"上海"是专有名词,指代一个特定的地区,"话"是普通名词,表示语言或方言,在拼写时应将它们连写为"Shànghǎihuà"。"河北人"中的"河北"是专有名词,指代一个特定的地区,"人"是普通名词,拼写为"Héběirén"。

第七，对于非汉语的人名和地名，遵循"名从主人"的原则，即按照其原始语言的罗马字母（拉丁字母）原文书写。这是尊重各种语言和文化差异的表现，同时也方便了国际交流和沟通。以人名为例，如"马克思"的原始拼写是"Marx"，而不是按照汉语的拼音规则拼写。

对于非罗马字母文字的人名和地名，如日语、俄语等，则需要按照该文字的罗马字母转写法进行拼写。这种转写法通常是将非罗马字母的文字转换为最接近的罗马字母表示，以便于国际交流和识别。例如，日语中的"东京"在罗马字母转写法中拼写为"Tokyo"。

第八，对于汉语化的音译名词，即那些通过音译方式从其他语言引入的名词，应该按照汉字的译音来进行拼写。这些名词通常已经融入了汉语表达体系，成为汉语中的一部分。以"非洲"为例，虽然"非洲"是一个源自其他语言的名词，但在汉语中它已经被固定为"Fēizhōu"这样的拼写方式。同样，"北美"在汉语中固定为"Běiměi"，"亚洲"固定为"Yàzhōu"，"南美"固定为"Nánměi"。

这些汉语化的音译名词在拼写时通常也会遵循汉语的一些基本规则，如音节的分隔、声调的标注等。同时，由于这些名词已经融入了汉语，因此在拼写时不需要再额外添加其他语言的元素或符号。

（三）动词的拼写规则

第一，动词和"着""了""过"在一起时拼音连写。这是因为在汉语中，动词和这些助词经常一起使用，它们共同构成一个完整的动词短语，表示动作的状态或时间。例如，"写着"表示一个正在进行的动作，"走过"表示一个已完成的动作。在拼音中往往将这些元素连写在一起，以体现它们之间的紧密联系。

以"写着"为例，动词"写"的拼音是"xiě"，而助词"着"的拼音是"zhe"。在拼音连写时不需要在它们之间加入空格或其他分隔符，直接写作"xiězhe"。

当句末出现"了"时，拼音要分写。这是因为"了"在句末通常表示一个句子的结束，具有语气词的作用。为了清晰地表达句子的结束和语气的变化,在拼音中应将"了"与其他部分分开写。

以"车站终于走到了"为例,这个句子中的"了"出现在句末,表示句子的结束和语气的肯定。因此,在拼音中将"了"与其他部分分开写,即"chēzhàn zhōngyú zǒudào le"。

第二,当动词和宾语连写时,它们之间的拼音需要分开写。这是因为动词和宾语在语法上属于不同的成分,分别表示动作和行为的对象,将它们分开写有助于清晰地表达句子的结构和意义。

以"踢球"为例,动词"踢"的拼音是"tī",而宾语"球"的拼音是"qiú"。在拼音连写时需要在动词和宾语之间加入一个空格或其他分隔符,以表示它们之间的界限。因此,"踢球"的拼音应写为"tī qiú"。同样,"写信"中的动词是"写",拼音是"xiě",宾语是"信",拼音是"xìn"。在拼音连写时也需要将它们分开写,即"xiě xìn"。

对于包含多个音节的宾语,如"割麦子"中的"麦子","尊重老师"中的"老师",同样需要将动词和宾语分开写。在"割麦子"中,动词"割"的拼音是"gē",而宾语"麦子"的拼音是"màizi"。因此,拼音应连写为"gē màizi"。在"尊重老师"中,动词"尊重"的拼音是"zūnzhòng",而宾语"老师"的拼音是"lǎoshī"。所以,拼音连写为"zūnzhòng lǎoshī"。

第三,当动宾式合成词中间插入了其他成分,如数量词、时间词等时,这些插入成分与动宾式合成词之间需要分开拼写。这样做有助于清晰地表示出这些成分之间的关系以及它们在句子中的作用。

以"站了一班岗"为例,这是一个动宾式合成词,"站岗"中间插入了数量词"一班"。在拼音连写时需要将"站"和"岗"分开写,同时在它们之间插入数量词"一班"的拼音"yī bān"。因此,整个句子的拼音应为"zhànle yī bān gǎng"。同样,"洗了两回澡"中的动宾式合成词是"洗澡",中间插入了时间词"两回"。在拼音连写时需要将"洗"和"澡"分开写,并在它们之间插入时间词"两回"的拼音"liǎng huí"。因此,整个句子的拼音为"xǐle liǎng huí zǎo"。

第四,关于动词(或形容词)和补语之间的拼音拼写规则,具体分为两种情况。当动词(或形容词)和补语都是单音节时,可以将它们连写在一起，不加分隔，这是为了保持拼音的连贯性和简洁性。

以"写错"为例，其中"写"是动词，拼音为"xiě"，"错"是补语，表示动作的结果，拼音为"cuò"。由于二者都是单音节，可以将它们连写为"xiěcuò"。同样，"踢坏"中的"踢"是动词，拼音为"tī"，"坏"是补语，表示动作的结果，拼音为"huài"。由于它们也都是单音节，所以拼音连写为"tīhuài"。

然而，当动词（或形容词）和补语不是单音节时，即存在多音节的情况，则需要将它们分开拼写，这样做有助于清晰地表达每个词的边界和语义。

以"哭肿眼睛"为例，其中"哭"是动词，拼音为"kū"，"肿"是动词，表示眼睛的状态，拼音为"zhǒng"，"眼睛"是名词，作为补语，表示动作的对象，拼音为"yǎnjīng"。由于"眼睛"是多音节词，在拼写时需要将其与前面的动词分开，因此整个句子的拼音为"kūzhǒng yǎnjīng"。再来看"交出来"这个例子，其中"交"是动词，拼音为"jiāo"，"出来"是补语，表示动作的方向或结果，拼音为"chūlái"。由于"出来"是多音节词，在拼写时也需要将其与前面的动词分开，因此整个句子的拼音为"jiāo chūlái"。

（四）形容词的拼写规则

第一，当单音节形容词与重叠的前加成分或后加成分结合时，它们的拼音应当连写。这种连写方式有助于体现形容词的状态和程度，使表达更加生动和准确。

以"红彤彤"为例，这是一个由单音节形容词"红"和重叠的后加成分"彤彤"组成的短语。在拼音中，它们被连写为"hóngtōngtōng"，其中"hóng"代表"红"，"tōngtōng"则通过重叠的形式强化了"红"的程度和状态，形象地描绘出了非常红的样子。再如，"蒙蒙亮"中的"蒙蒙"是重叠的前加成分，与单音节形容词"亮"连写为"méngménglià ng"。这里的"蒙蒙"通过重叠传达了光线微弱、朦胧的状态，与"亮"结合后，形成了对黎明时分天色的生动描绘。在"绿油油"中，"绿油油"是重叠的后加成分，与单音节形容词"绿"连写为"lǜyóuyóu"。这里的"yóuyóu"通过重叠强调了"绿"的鲜艳和生机勃勃的特点。"凶巴巴"中的"巴巴"是重叠的后加成分,与单音节形容词"凶"连写为"xiōngbābā"。这里的"bābā"通过重叠形式,生动地传达了"凶"的程度和狠厉的神态。

第二,当形容词与后面的"些""一些""点儿"或"一点儿"相连时,拼音应当分写。这种分写的方式有助于清晰地表达形容词所修饰的程度或量度,同时也符合汉语的表达习惯。

以"长些"为例,形容词"长"的拼音是"cháng",而"些"的拼音是"xiē"。在拼音连写时需要在"长"和"些"之间加入空格或其他分隔符,以表示它们之间的界限。因此,"长些"的拼音应写为"cháng xiē"。"长一些"中的形容词是"长",拼音是"cháng",而"一些"的拼音是"yīxiē"。在拼音连写时,也需要将它们分开写,即"cháng yīxiē"。这里的"一些"表示的是一个相对较大的量度,与"些"相比程度更为明确。

对于"好点儿"和"好一点儿",它们的处理方式与上述例子类似。在"好点儿"中,形容词"好"的拼音是"hǎo",而"点儿"的拼音是"diǎnr"。因此,拼音连写为"hǎo diǎnr"。这里的"点儿"表示的是一个较小的量度,通常用于表达轻微的改变或进步。而"好一点儿"中的形容词同样是"好",拼音是"hǎo",但后面的"一点儿"的拼音是"yīdiǎnr"。因此,拼音连写为"hǎo yīdiǎnr"。这里的"一点儿"表示的是一个相对较小的量度,但比"点儿"要更加明显一些。

(五)代词的拼写规则

第一,当表示复数的"们"与前面的代词相连时,拼音应当连写,以形成一个完整的音节。这样的连写方式符合汉语的习惯,有助于准确表达复数的概念。

以"我们"为例,代词"我"的拼音是"wǒ",而表示复数的"们"没有独立的拼音,而是与"我"连写为"wǒmen"。这里,"们"的作用是使"我"从单数变为复数,表示包括说话者在内的多个人。再如,"他们"中的代词是"他",拼音为"tā",与"们"连写后成为"tāmen"。这里的"他们"指的是除说话者以外的其他人,是一个明确的复数概念。

在"你们"这个词中,代词是"你",拼音为"nǐ",与"们"连写后成为"nǐmen"。这里,"你们"指的是对话中的另一方或多个人,也是一个复数概念。

第二,当"这""那""哪"等指示代词与"些""么""样""般""里""边""会儿""个"等助词或量词相连时,拼音应当连写。这种连写方式有助于形成一个完整的音节,使指示代词与后面的助词或量词紧密结合,共同表达特定的意义。

以"这些"为例,指示代词"这"的拼音是"zhè",而"些"的拼音是"xiē"。在拼音连写时,将它们连写为"zhèxiē",以形成一个完整的音节,表示"这些"所指向的多个对象。"那么"中的"那"是指示代词,拼音为"nà",而"么"是助词,没有独立的拼音,与"那"连写为"nàme",它们共同构成一个完整的音节,用于引导出某个事物或情况。在"这个"中,"这"是指示代词,拼音为"zhè",而"个"是量词,拼音为"gè"。它们连写为"zhègè",表示一个特定的对象。"哪里"中的"哪"是疑问代词,拼音为"nǎ",而"里"是方位词,拼音为"lǐ"。它们连写为"nǎlǐ",共同构成一个疑问短语,用于询问某个地点或位置。

第三,当"这""那""哪"等指示代词与名词或量词相连时,拼音应当分写。这种分写方式有助于清晰地表达指示代词与名词或量词之间的关系,使句子结构更加清晰易懂。

以"这人"为例,指示代词"这"的拼音是"zhè",而名词"人"的拼音是"rén"。在拼音连写时将它们分开写为"zhè rén",以表示"这"是指示代词,而"人"是它所指向的具体对象。"那张桌"中的"那"是指示代词,拼音为"nà","张"是量词,拼音为"zhāng",而"桌子"是名词,拼音为"zhuōzi"。在拼音连写时将其分为"nà zhāng zhuōzi",以清晰地表示"那"是指示代词,"张"是量词,而"桌子"是名词,它们共同构成了一个完整的短语。

在"哪条河"中,"哪"是疑问代词,拼音为"nǎ","条"是量词,拼音为"tiáo","河"是名词,拼音为"hé"。在拼音连写时应写为"nǎ tiáo hé",以清晰地表示"哪"是疑问代词,"条"是量词,而"河"是名词,它们共同构成了一个疑问短语,用于询问特定的河流。

第四,当"每""各""某""本""我""你"等代词或限定词与后面的名词或量词相连时,拼音应当分写。这种分写方式有助于清晰地表达代词或限定词与名词或量词之间的关系,使句子结构更加明确。

以"每人"为例,代词"每"的拼音是"měi",而名词"人"的拼音是"rén"。在拼音连写时将它们分开写为"měi rén",以表示"每"是对"人"的限定或修饰。同样,"某校"中的"某"是代词,拼音为"mǒu",而"校"是名词,表示学校,拼音为"xiào"。在拼音连写时将其分为"mǒu xiào",以清晰地表示"某"是对"校"的限定或修饰。又如,在"本市"中,"本"是限定词,表示本地的、当前的,拼音为"běn",而"市"是名词,表示城市,拼音为"shì"。在拼音连写时将其分为"běn shì",以清晰地表示"本"是对"市"的限定或修饰。再如,"你公司"中的"你"是代词,拼音为"nǐ",而"公司"是名词,表示企业组织,拼音为"gōngsī"。在拼音连写时将其分为"nǐ gōngsī",以清晰地表示"你"是对"公司"的限定或修饰。

(六)数词和量词的拼写规则

第一,在汉语中,对于十一到九十九之间的整数,通常采用拼音连写的方式来表示。这种连写方式有助于简洁明了地表达这些数字,同时也符合汉语的表达习惯。

对于十一到十九之间的数字,通常将"十"与后面的个位数连写。例如,"十九"的拼音为"shíjiǔ","十三"的拼音为"shísān","十五"的拼音为"shíwǔ",以此类推。

对于二十到九十九之间的数字,通常将"二十""三十""四十"等十位数与后面的个位数连写。例如,"三十"的拼音为"sānshí","四十一"的拼音为"sìshíyī","五十七"的拼音为"wǔshíqī",以此类推。

需要注意的是,在连写时十位数与个位数之间不需要添加任何分隔符,直接相连即可。这种连写方式符合汉语的表达习惯,也使数字的表达更加简洁明了。

第二,当"百""千""万""亿"等词与前面的个位数相连时,拼音应当连写。这样做有助于形成一个紧凑的音节,使数字的表达更加流畅。

以"三百"为例,数词"百"的拼音是"bǎi",而与之相连的个位数"三"的拼音是"sān"。在拼音连写时将它们连写为"sānbǎi",以形成一个完整的音节,清晰地表示"三百"这一数字。同样,当"万""亿"与前面的十位以上的数相连时,拼音应当分写。这样做有助于清晰地表达每一位数字,避免混淆。以"九亿八千万"为例,数词"亿"的拼音是"yì",与之相连的数"九"的拼音是"jiǔ",而数词"万"的拼音是"wàn",与之相连的数"八"和个位数"千"的拼音分别是"bā"和"qiān"。在拼音连写时将它们分写为"jiǔyì bāqiānwàn",以清晰地表示每一位数字,使数字的表达更加准确。

第三,当表示序数的"第"与后面的数词相连时,为了清晰地表达序数关系,通常会在"第"与数词之间加入短横"-"作为分隔符。这样做有助于区分序数与其他类型的数字表达,使句子更加易于理解。

以"第八"为例,序数词"第"的拼音是"dì",而与之相连的数词"八"的拼音是"bā"。拼音连写时在"第"与"八"之间加入短横,形成"dì-bā"的拼写方式,以明确表示这是序数"第八"。同样,在"第四十三"中,序数词"第"的拼音为"dì",而与之相连的数词是"四十三",拼音为"sìshísān"。在拼音连写时,在"第"与"四十三"之间加入短横,形成"dì-sìshísān"的拼写方式。

需要注意的是,短横的加入应当适度,不应过多或过少。过多的短横可能会使句子显得混乱,而过少的短横则可能无法清晰地表达序数关系。因此,在实际应用中应当根据句子的具体语境和需要来合理使用短横,以确保数字表达的准确性和易读性。

第四,当数词和量词相连时,拼音应当分写。这种分写方式有助于清晰地表达数词和量词之间的关系,避免混淆。

以"三张纸"为例,数词"三"的拼音是"sān",而量词"张"的拼音是"zhāng"。在拼音连写时,将它们分开写为"sān zhāng zhǐ",以清晰地表示"三"是数词,"张"是量词,而"纸"是名词。再如,在"四十三架次"中,数词"四十三"的拼音是"sìshísān",而量词"架次"的拼音是"jiàcì"。在拼音连写时将其分为"sìshísān jiàcì",以清晰地表示"四十三"是数词,"架次"是量词,它们共同构成了一个表示飞行或运输工具使用次数的短语。

(七)副词的拼写规则

在汉语中,当副词与其他词语相连时,拼音通常分写。这种分写方式有助于清晰地表达副词与其他词语之间的关系,使句子结构更加明确。

以"最小"为例,副词"最"的拼音是"zuì",而形容词"小"的拼音是"xiǎo"。在拼音连写时将它们分开写为"zuì xiǎo",以清晰地表示"最"是副词,修饰后面的形容词"小"。再如,在"必须走"中,副词"必须"的拼音是"bìxū",而动词"走"的拼音是"zǒu"。在拼音连写时将其分为"bìxū zǒu",以清晰地表示"必须"是副词,修饰后面的动词"走"。

此外,对于多音节的词语,如"非常漂亮"和"格外珍惜",虽然它们整体上看似是一个词,但在拼音时仍然需要分写。例如,"非常漂亮"中,"非常"是副词,拼音为"fēicháng",而"漂亮"是形容词,拼音为"piàoliàng"。在拼音连写时将其分为"fēicháng piàoliàng",以清晰地表示"非常"是副词,修饰后面的形容词"漂亮"。同样,"格外珍惜"中,"格外"是副词,拼音为"géwài",而"珍惜"是动词,拼音为"zhēnxī"。在拼音连写时将其分为"géwài zhēnxī",以清晰地表示"格外"是副词,修饰后面的动词"珍惜"。

(八)虚词的拼写规则

第一,介词与其他词语相连时,拼音分写。介词常常与其他词语一起出现，共同构成介词短语。在拼音连写时，为了清晰地表达介词与其他词语之间的关系，通常会将它们分写。

以"为了健康"为例，介词"为了"的拼音是"wèile"，而名词"健康"的拼音是"jiànkāng"。在拼音连写时将它们分开写为"wèile jiànkāng"，以清晰地表示"为了"是介词，引导后面的名词"健康"，表示目的或原因。同样，在"关于美学"中，介词"关于"的拼音是"guānyú"，名词"美学"的拼音是"měixué"。在拼音连写时将其分为"guānyú měixué"，以清晰地表示"关于"是介词，引导后面的名词"美学"，表示所涉及的主题或范围。

第二，连词与其他词语相连时，拼音同样应当分写。连词在句子中起连接作用，它们连接两个或多个词语、短语或句子，表示它们之间的逻辑关系，如并列、转折、递进等。为了清晰地表达这种逻辑关系，连词在拼音连写时应当与其他词语分开。

以"老师和学生"为例，连词"和"的拼音是"hé"，而与之相连的名词"老师"和"学生"的拼音分别是"lǎoshī"和"xuéshēng"。在拼音连写时将它们分开写为"lǎoshī hé xuéshēng"，以清晰地表示"和"是连词，连接了"老师"和"学生"这两个名词。同样，在"不但快而且好"中，连词"不但"的拼音是"búdàn"，"而且"的拼音是"érqiě"，而与之相连的形容词"快"和"好"的拼音分别是"kuài"和"hǎo"。在拼音连写时，将其分为"búdàn kuài érqiě hǎo"，以清晰地表示"不但"和"而且"是连词，连接了"快"和"好"这两个形容词，并表示了递进关系。

第三，结构助词"的""地""得"在与其他词语相连时，拼音同样应当分写。这些结构助词在汉语中起着连接定语和中心语、状语和中心语、补语和中心语的作用，帮助构成句子的完整结构和意义。

以"我的书"为例，结构助词"的"的拼音是"de"，而与之相连的代词"我"和名词"书"的拼音分别是"wǒ"和"shū"。在拼音连写时，将它们分开写为"wǒ de shū"，以清晰地表示"的"是结构助词，连接了代词"我"和名词"书"，表示所属关系。再如，在"写得不清楚"中，结构助词"得"的拼音是"de"，而与之相连的动词"写"和形容词短语"不清楚"的拼音分别是"xiě"和"bù qīngchǔ"。在拼音连写时将其分为"xiě de bù qīngchǔ",以清晰地表示"得"是结构助词,连接了动词"写"和形容词短语"不清楚",表示程度或结果。

第四,当语气词与其他词语相连时,拼音同样应当分写。语气词在句子中主要用于表达说话人的情感、态度或疑问等语气,它们通常位于句子的末尾或句中,与前面的词语共同构成完整的句子。

以"他今天来吗?"为例,语气词"吗"的拼音是"ma",而与之相连的代词"他"、时间词"今天"和动词"来"的拼音分别是"tā""jīntiān"和"lái"。在拼音连写时,将它们分开写为"tā jīntiān lái ma?"以清晰地表示"吗"是语气词,用于形成疑问句,询问对方"他"是否"今天来"。再如,在"你怎么不说话呀?"中,语气词"呀"的拼音是"ya",而与之相连的疑问代词"怎么"、动词"不说话"的拼音分别是"zěnme"和"bù shuōhuà"。在拼音连写时,将其分为"nǐ zěnme bù shuōhuà ya?"以清晰地表示"呀"是语气词,用于表达一种轻微的惊讶或催促的情感。

(九)成语的拼写规则

第一,四字成语在拼音连写时,可以按照两个双音节来念,并在中间加入短横作为分隔符。这样的处理方式有助于更清晰地传达成语的音节划分,让读者或听者更容易理解和记忆。

以"炉火纯青"为例,这个成语由四个汉字组成,分别是"炉""火""纯"和"青"。在拼音连写时,可以将其分为两个双音节部分:"lúhuǒ"和"chúnqīng",并在它们之间加入短横作为分隔符,形成"lúhuǒ-chúnqīng"。这样的拼音连写方式既保留了成语的完整性,又清晰地展示了其音节划分。再如,对于"四面楚歌"这个成语,也可以按照相同的方式进行拼音连写。这个成语由"四""面""楚"和"歌"四个汉字组成。在拼音连写时,可以将其分为"sìmiàn"和"chǔgē"两个双音节部分,并在它们之间加入短横,形成"sìmiàn-chǔgē"。这样的拼音连写方式同样有助于清晰地传达成语的音节划分。

第二，对于那些不能按两段来念的四字成语、熟语等，在拼音连写时应将它们全部连写在一起，不加入任何分隔符。这样做可以保持这些成语或熟语的整体性和流畅性，使读者或听者能够更容易理解和记忆。

以"坐吃山空"为例，这个成语虽然由四个汉字组成，但在发音时并不能明显地分为两段。因此，在拼音连写时应将其全部连写在一起，形成"zuòchīshānkōng"。同样，对于"学而不厌"这个成语，虽然其中包含了"而"这个连词，但在发音时并不形成明显的音节分隔。因此，在拼音连写时也应将其全部连写在一起，形成"xuéérbùyàn"。

除了上述的几种拼写规则外，还有几种情况是值得特别注意的。这些规则在句子和诗词的拼写中尤为重要，能够确保拼音的准确性和规范性。

第一，句子和诗词开头的字母要大写。这是一种常见的书写规范，用于区分句子或诗词的开始。大写字母的使用有助于清晰地标识出句子的起始，使读者能够更容易地理解文本的结构和内容。例如，句子"我今天很高兴"在拼音连写时应为"Wǒ jīntiān hěn gāoxìng"，其中"Wǒ"为开头字母大写。同样，在诗词中每行的开头字母也应大写，以突出每行的独立性和节奏感。

第二，以拼音移行时要按音节分开，并在没有写完的地方加上短横。这是因为在拼音连写中音节是基本的单位，每个音节都具有独立的意义和发音。当需要在两行之间拆分一个音节时，应当按照音节的界限进行拆分，并在未完成的音节后面加上短横作为标识。这样做有助于保持拼音的完整性和连续性，避免在移行时出现断裂或混淆的情况。例如，在连写"江山如此多娇"这个句子时，如果需要在"山如"之间移行，则应将"山"作为一个完整的音节写在上一行，而"如"作为下一个音节的开头写在下一行，同时在"山"后面加上短横作为标识，形成"jiāngshān-rúcǐduōjiāo"。

第六章 音 变

音变是指语言随着时间推移在发音上的自然演化,也是不同语境下语音适应的具体表现。它是语言流动性和适应性的证明,是口语表达中不可或缺的一部分,使语言充满活力并贴近自然的语音规律。在汉语中,音变不仅仅是一种由历史发展所累积的现象,更是日常口语交流中的实时动态调整。本章将对音变的相关知识进行简要阐述。

第一节 音变的内涵

一、音变的概念

音变是指在语音的发生、发展过程中或者在言语交流中,由于各种原因导致的音位(语音的最小单位)的变化。音变可以发生在个体言语活动中,也可以是一种历时性的、发生在特定语言或方言群体中的长期变化。历时性音变是语言演变的重要组成部分,很多现代语言都是由于长期的音变过程从古代语言演化而来的。研究音变有助于我们了解语言的历史、语言间的亲缘关系及其在不同社会和文化背景下的发展。

二、音变产生的原因

音变产生的原因多种多样,以下是对其主要原因的概括。

第一,音变作为共时性的现象,与历史演变紧密相连。当我们观察语言的发展历程时,可以清晰地看到语音是如何随着时间的推移而发生变化的。以古代语言为例,一种古代语言在经历漫长的历史进程后,可能会逐渐分化为多种不同的语言,或者形成多种方言。在这些分化或演变的过程中,语音往往会发生显著的变化。

为了更深入地了解这些语音变化的具体情形,语言学家通常会尝试构拟这些古代语言的语音系统。构拟古音是一个复杂的过程,需要基于历史文献、比较语言学的方法以及现代语言的语音特点来进行推断。一旦构拟出古音,就可以将其与现代的具体语言或方言的语音进行比较。通过这种比较,语言学家能够发现许多语音变化的规律和趋势。例如,某些辅音可能在历史进程中逐渐消失或转变为其他音素,某些元音可能发生音位的合并或分裂,或者声调系统可能经历重大的调整。这些变化不仅反映了语言的历史演变,也为我们提供了理解语言音变机制的重要线索。

第二,音变作为语言演变的一种表现,通常具有较强的规律性,并且这些规律往往与特定的语言和时代紧密相连。这意味着不同的语言或方言在音变过程中可能会展现出不同的特点和趋势。同时,音变也受到时代背景的影响,不同的历史阶段可能导致不同的语音变化。

在现代汉语中,这种规律性表现得尤为明显。现代汉语的语音系统是在长期的历史演变过程中逐渐形成的,经历了多个阶段的变化。这些变化不仅与现代汉语本身的特点密切相关,也反映了现代汉语所处的时代背景和社会环境。例如,现代汉语中的声母、韵母和声调系统都经历了不同程度的音变。这些音变在很大程度上影响了现代汉语的语音面貌。同时,现代汉语中的一些特殊语音现象,如轻声、儿化等,也是音变规律性的体现。这些现象不仅具有独特的语音特点,也反映了现代汉语的某些语法和语用特点。

第三,音变的自由性是决定音变发生的一个关键因素。语流中的音变通常是自发和自然发生的,而这些音变又可以根据其规律性的不同被分为不自由音变和自由音变。

不自由音变也被称作规则音变,其发生相对稳定和一致。在一定的条件下,这类音变必然会发生,而且对所有使用该语言的人来说都是一致的。这种音变不受个体差异的影响,其发生模式在社区中是普遍和一致的,因此可以在语言学研究中归纳出明确的规则。例如,在古英语中,前元音 a 在强重音后经常会变成中元音 o,这就是一个不自由音变的例子。由于这种音变的普遍性和一致性,它们对语言演变的研究尤为重要,因为这些音变会逐渐成为该语言的标准发音,从而影响整个语言体系的结构。

自由音变则是相对随意和可变的,这类音变的发生受到多种因素的影响,如说话者的语速、情感状态、说话场合的正式程度等。这意味着同一个说话者可能在不同的情境下,对同一词汇进行不同的发音。自由音变的一个例子是在一些英语口语中,词尾的 /t/ 音在非正式快速语流中会变为一个轻拍音,如"butter"中的 /t/。这种变化并不是在所有情况下都会发生,而是受到说话环境的影响。自由音变的这种特点使个体之间存在较大的差异,并可能随着时间和社会因素的变化而演变。

总的来说,音变的自由性提高了音变的发生概率,因为它涉及更多变化和不确定性。了解和区分这两种音变至关重要,因为它们反映了语言内部规则的复杂性以及语言使用在社会互动中的动态性。

此外,音变作为语言变化的一种重要形式,不仅仅受到发音规则的影响,还深受社会因素和个体差异的影响。个人年龄、文化背景、社会地位和个人习惯等都是影响音变的关键因素。

从个人年龄的角度来看,年龄与语言使用的模式密切相关。不同年龄组的人可能会有不同的语音特征,这是因为随着时间的推移,语言也在不断地演变。年轻人可能会采用或创造新的发音模式,而老年人则可能保持他们年轻时的发音习惯。例如,某一代人可能会在特定词汇上使用某种音变,而随着新一代人的出现,这种音变可能会逐渐消失或被其他音变所替代。

文化背景也会对音变产生影响。不同的文化和语言群体拥有不同的发音习惯和规则,个体在不同文化间的交流可能会促使音变的产生。当人们试图使用第二语言或方言时,他们原有的语音系统可能会与新语言系统发生冲突,导致音变的出现。此外,文化融合和语言接触也常常导致音变,使语音系统更加多样化。

个人习惯也会对音变产生影响。每个人都有自己独特的发音习惯和偏好,这些习惯可能是由于个人的生理结构、心理因素或是早期语言习得的结果。个人习惯可以在一定程度上推动音变的发展,因为当一个人频繁使用某种特定的音变时,这种音变就更有可能在他的语言社区中传播开来。

三、现代汉语中常见的语流音变现象

在现代汉语中,音变的现象有很多,但最为常见的主要有以下几种。

(一)同化

同化作为一种音变现象,在语言学中指的是音位受到相邻音的影响而发生变化,变得与相邻音相同或相似,或者两个相邻的音在相互影响下共同产生一个新的音位。这种变化并不是随意的,而是遵循一定的规律和模式。同化的发生主要出于省力的考虑,即发音器官在发音时倾向于减少不必要的努力,使发音更为轻松和自然。同时,同化也有助于避免或减少发音的拗口,使整个语流更加和谐流畅。

同化现象可以分为两种主要类型:顺同化和逆同化。

1. 顺同化

顺同化又被称为"前向同化",是指在语音产生过程中一个音因为受到其前面音的影响而发生变化,使这个音在某些特征上变得与前面的音更为相似。这种音变现象常常出现在自然语言中,是人们

为了让发音更加便捷、自然而不自觉采取的一种语音简化策略。

顺同化的效果是前一个音的某些属性会"延伸"到后一个音上，这可能涉及音高、音长、声带的振动（浊化或清化）以及口腔的形状等方面。比如在普通话中，声母的清浊属性会影响到后面的"不"字的发音，在清音后读作"bu"（不送气），而在浊音后读作"bo"（送气）。

顺同化不仅限于单个词内部，有时在连续语流中，一个词的末尾音会影响到下一个词的开始音。比如在英语中，如果一个词以一个鼻音结尾，下一个词以一个清辅音开始，这个清辅音可能就会变成对应的鼻音，从而发生顺同化。

2. 逆同化

逆同化是当一个音因受到其后面音的影响而改变时发生的，这种改变使该音在一些特性上与后面的音更加相似。这是一种常见的语音现象，可以在许多不同语言中观察到。

在逆同化过程中，后面的音素的某些特征会影响前面的音素，通常是因为发音器官在发出后面的音素时提前做好了准备或调整。这种同化通常涉及发音位置（比如，舌部的位置或唇形）、声带振动（比如，声音的浊化或清化）以及其他音位特征。例如，在英语中连读时，单词 final 的"n"通常会发生逆同化，因为接下来的"s"是一个齿龈擦音。所以，"final stop"可能会发音成 /faɪn əl stop/，这里的"n"接近了齿龈音的位置。

在单词"inconceivable"中，前缀"in-"中的鼻音"n"会因为后面的"c"（一个硬腭音）而逆同化，发音时舌尖位置会提前移向硬腭位置。

在汉语中，逆同化也是很常见的。以普通话的"那个"为例，通常发音时会发生逆同化，发音为"nèi gè"，其中"那"字的发音受到了"个"字的影响，发音时鼻音的发音位置更靠近"个"字的发音位置。

（二）异化

异化是语音学中的一个现象，它与同化相对，指的是在语言中，两个邻近的相似或相同的音素在发音过程中,其中一个或两个音素会发生变化,使它们变得不再相似或不相同。这种改变通常是为了减少发音时的困难或者是为了提高语流的清晰度。异化可以分为顺异化和逆异化两种类型。

1. 顺异化

顺异化指的是在一系列的音节或音素中,由于一个音(通常是辅音)的影响,紧随其后的一个相似或相同的音发生改变的现象,使这两个音变得不相似。这种变化通常是为了减少发音难度或增加言语的清晰度,因为连续发出相似的音可能会引起混淆或不便。

顺异化的"顺"字暗示了变化的方向,即前面的音素影响后面的音素。这与逆异化相反,逆异化是后面的音素影响前面的音素。举个例子,假设有一个双重辅音组合在一个词中,如"kk"或"tt",在某些语言中,为了避免发音困难,第二个"k"或"t"可能会变为另一个辅音,从而不再与第一个相同或相近。

2. 逆异化

逆异化是指一个音在受到紧接其后的音的影响时发生变化,使两个音不再那么相似。这种变化是从后向前进行的,即后面的音素影响前面的音素,与顺异化的方向相反。

逆异化在语音学中不如同化那么常见,但它在某些语言中确实存在,并可能对语言的发展产生深远的影响。逆异化可能会涉及音高、音长、音质或音位的其他特性。在拉丁语中存在一个经典的逆异化的例子。拉丁语词汇"līber"(自由的)和"lībra"(天秤,磅)中的"b"就是由于逆异化的结果,而不是从一个原始形式如"līra"直接演变来的,因为连续的两个"r"音更容易变成"b"和"r"的组合。关于逆异化的另一个例子是在某些英语口音中,单词"colonel"的发音通常为/ˈkɜːrnəl/,其中的"l"影响了前面的"r",使其发生变化,而不是发音为期望的/ˈkɒlənəl/。

异化在历史音变中有着重要的作用,它可以帮助语言学家追踪和分析语言随时间的演变过程。在汉语历史的不同阶段,异化现象广泛存在,并在一定程度上引导了音韵结构的变化。

在隋唐时期,汉语中 -m 韵尾是一个常见的韵母特征,它可以与各种声母组合形成音节。但是有一些特定的字,如"犯""禀""品",在与唇音声母组合时展现了异化的倾向。唇音声母如 [b][p][m] 在发音时,嘴唇需要闭合或接近闭合,这种配置被称为唇音。当两个唇音在同一个音节中相遇时,可能会因为过于相似而导致发音不便或模糊,这时异化作用就会发生,以使发音更加清晰和容易区分。

到了元代,尽管 -m 韵尾被保留了下来,但是与唇音声母组合的词汇往往读作 -n 韵尾。这一变化可以被视为一种逆异化现象,即后面的韵尾影响了前面的声母,使原本应该发生的唇音闭合动作被一个舌尖音所替代,这样音节的首尾不再都是唇音,而是一个唇音声母后接一个舌尖音韵尾。这种变化减少了发音的难度,并且增加了音节的区分度。

在现代广州话(粤语)中,古代的 -m 韵尾得到了较好的保存,这为我们提供了一种观察历史音变的视角。尽管如此,即使在广州话中,也有类似"凡""范""犯""禀""品"这几个字表现出异化现象,它们的韵尾读作 -n,而不是 -m。这一现象进一步证明了异化作用在历史语音发展中的影响。通过分析这些变化,语言学家可以更好地理解历史上的音变规律以及语音在不同方言中的分布情况。

(三)弱化

弱化是指在语言的自然语流中,某个音由于其在词中的位置或者由于周围音素的影响而发生了强度、清晰度或发音方式上的变化,变得更加轻弱或不明显。弱化是语音变化中的一种普遍现象,并且对语言的发展有着长远的影响。弱化包括以下几方面。

1. 音量的减小

在非重音音节中,音量往往比在重音音节中更小,使音节听起来更加弱化。

2. 辅音的简化

复杂的辅音可能在发音时简化为更简单的辅音,如英语中的 [t] 在某些方言中在非重音位置上会变成一个闪音 [tʃ]。

3. 音位的消失

某些辅音在词尾或词中的弱音节中可能会完全不发音,如法语中单词"et"(和)中的 [t] 通常不发音。

4. 元音的还原

非重音音节中的元音可能退化为一个非特定的元音,如英语中的舒张元音经常退化为中央元音 ə。

弱化有助于语言的流畅表达,因为它减少了发音时的努力。然而,它也可能引起歧义,因为它减少了音素之间的区分度。在语言学习和语言教学中,了解弱化的概念对于掌握发音和理解口语尤其重要。

(四)连读

连读是指在语言表达中,相邻单词或音节之间的音素相互连接,使发音更加流畅。在汉语普通话中,连读现象很常见,尤其是在日常口语交流中。连读会涉及不同音节之间的自然过渡,包括元音与元音、辅音与辅音以及元音与辅音之间的连读。

以汉语普通话中的"啊"为例,作为一个叹词或语气词,它通常位于句子的末尾,并且往往是轻声。然而,当"啊"跟在某些特定的音节之后时,其发音可能会受到前面音节的影响而发生变化,这就是所谓的辅音连读现象。

（五）增音

增音是语言学中的一个现象，特指在语言发展或者说话过程中，原本不存在的音素被添加到一个词中。这种现象可能出于各种语言学、心理学或生理学的原因，比如为了方便发音、保持节奏、提高清晰度等。增音可以发生在词的任何部分，包括词首、词中和词尾。

汉语普通话中增音主要包括以下几种。

1. 音节的增音

在普通话中，为了保持音节结构的平衡，有时会在辅音和元音之间添加一个"儿化音"，如"花儿"huār中的"儿"。

2. 连续辅音的增音

在普通话中，当两个辅音相遇且不易直接连读时，会在中间添加一个元音以便发音，如英文中的stop over在快速说话时可能会被发音为"sto[ə]p over"。

3. 词首的增音

当词首的发音不易启动时，可能会在词首添加一个辅音，英语中的例子包括单词"one"以及"once"，在一些方言中可能会被发音为"wone"和"wonce"。

（六）脱落

脱落也被称为减音，是指在语言的自然流畅说话过程中个别音节或音素被省略的现象。这通常发生在快速口语交流中，并且是发音弱化的一种表现形式。脱落可以改变单词的发音，但通常不会影响语义，因为母语者能够根据上下文顺利补全信息。

在汉语普通话中，脱落现象普遍存在，并且在不同地区的方言中表现得更加明显。例如：

代词的脱落：如"你们"（ni men）在快速口语中经常被简化为[nim]，尤其是在非正式场合。

词中音节的脱落：像"豆腐"（doufu）经常被发音为[douf]，其中的一个元音音节被省略。

北京话中的声母脱落：在北京方言中，一些快速发音时，某些词如"两个""三个"中的"个"字的声母[k]往往不被发出。

脱落现象在许多语言中都有体现。脱落现象增加了语言的经济性和效率，但对于学习者来说，可能会带来理解和发音上的挑战。因此，为了提高听力和口语能力，了解目标语言常见的脱落规则是非常重要的。

第二节 变 调

在普通话中，每个单音节字都有固定的声调，但在实际运用时，由于语流的连贯性和节奏的调整，一个字的声调可能会因为它所处的位置或周围字的声调影响而发生变化，这种现象就被称为变调。下面将对上声的变调、去声的变调、"一、不"的变调、"七、八"的变调以及形容词重叠的变调进行简要阐述。

一、上声的变调

在普通话中，第三声（上声）通常发音为低沉、起伏的声调，调值标准为214。即声调从中等高度开始，下沉至最低，然后再升至中等高度。然而，在实际语言使用中，第三声的发音会因语境而有所变化。

第二篇　普通话语音知识

（一）两个上声相连

在普通话中,当两个上声音节相连时,为了让发音更加流畅自然,通常第一个上声会进行变调。这里的变调主要有两种情况。

第一种情况:在普通话的发音规则中,当两个上声(第三声)字相连时,为了发音的流畅和协调,常常将第一个上声字变调为阳平声(第二声),调值大约为35。这种变调现象被称为"连续变调"或"上声变调"。以下是一些例子,展示了在实际语言使用中这种变调是如何发生的。

"水果"（shuǐ guǒ）:变调后读作"水果"（shuí guǒ）,其中"水"由原来的上声变为阳平声。

"理想"（lǐ xiǎng）:变调后读作"理想"（lí xiǎng）,其中"理"字的发音变成了阳平声。

"草稿"（cǎo gǎo）:变调后读作"草稿"（cáo gǎo）,这里的"草"字调整为阳平声。

"检索"（jiǎn suǒ）:变调后读作"检索"（jián suǒ）,其中"检"字变为阳平声。

"美好"（měi hǎo）:变调后读作"美好"（méi hǎo）,这里的"美"字调整为阳平声。

"手表"（shǒu biǎo）:变调后读作"手表"（shóu biǎo）,其中"手"字变为阳平声。

这种变调规则有助于避免发音上的混淆,并且使句子的节奏更加和谐。值得注意的是,变调并不改变字的本义,只是语音上的调整以适应连续发音的需要。

第二种情况:在普通话中,存在这样的变调规则,即一个字如果原本是上声,在某些情况下前面的字会变成阳平声(第二声,调值为35),或者变成一个更低的调值21,这种现象通常发生在上声字前面跟了一个轻声字的时候。

变为阳平声(调值35)的例子:

找找（zhǎo zhao）:变调后读作"找找"（zháo zhao）,

"找"字变为阳平声。

等等（děng deng）：变调后读作"等等"（déng deng），"等"字变为阳平声。

考考（kǎo kao）：变调后读作"考考"（káo kao），"考"字变为阳平声。

变为调值21的例子：

姐姐（jiě jie）：变调后第一个"姐"字变为调值21。

奶奶（nǎi nai）：变调后第一个"奶"字变为调值21。

嫂子（sǎo zi）：变调后"嫂"字变为调值21。

毯子（tǎn zi）：变调后"毯"字变为调值21。

需要注意的是，在普通话的发音实践中，这些变调规则有时候并不是那么严格，尤其是在快速的日常对话中，变调的实际情况可能会因个人发音习惯、地域差异、语速快慢等因素而有所不同。

（二）三个上声相连

当三个上声相连时，为了方便发音和使语流更加自然，普通话中的变调规则通常会将第一个音节的调值变为21，而第二个音节则变为35。这样的变调规则有助于区分不同的音节，也使连续的上声听起来更加悦耳。以下是相关的例子。

小老虎（xiǎo lǎo hǔ）：其中"小"的调值变为21，"老"的调值变为35，而"虎"保持原来的上声。

很勇敢（hěn yǒng gǎn）：其中"很"的调值变为21，"勇"的调值变为35，而"敢"保持原来的上声。

冷处理（lěng chǔ lǐ）：其中"冷"的调值变为21，"处理"中的"处"的调值变为35，而"理"保持原来的上声。

在普通话中，当三个上声连续出现时，变调规则可以使前两个上声音节的调值变为35，也就是阳平。这样的变调有助于发音的连贯性和节奏的平衡。以下是相关的例子。

管理者（guǎn lǐ zhě）：其中"管"和"理"的调值都变

为35,而"者"保持原来的上声。

展览馆(zhǎn lǎn guǎn):其中"展"和"览"的调值都变为35,而"馆"保持原来的上声。

洗脚水(xǐ jiǎo shuǐ):其中"洗"和"脚"的调值都变为35,而"水"保持原来的上声。

手写体(shǒu xiě tǐ):其中"手"的调值变为35,而"写"由于后面还有一个上声音节"体",所以也变为35。

(三)连念的上声字不止三个

当连续的上声音节超过三个时,普通话的变调规则变得更加灵活。这时,通常会根据词组的意义和结构将它们分组,并对每个分组内的上声音节应用变调规则。在日常快速口语中,除了最后一个上声字保持原调以外,前面的上声音节通常都会变为阳平(第二声,调值35)。以下是这种变调规则的应用例子。

彼此友好(bǐ cǐ yǒu hǎo):在正常朗读时可以分为"彼此"和"友好"两个词组,其中"彼"和"此"的调值都变为35。在快速口语中,整个短语的读音可能会进一步简化,只有"好"读214,其他音节都变为35。

种马场有五百匹好母马(zhǒng mǎ chǎng yǒu wǔ bǎi pǐ hǎo mǔ mǎ):根据意义可以分为"种马场""有五百匹"和"好母马"几个部分。变调后"种马场"的"种"和"马"、"有五百匹"的"有"和"百"、"好母马"的"好"和"母",这些上声音节都变为35,而"场""匹"和"马"作为各自分组的最后一个字保持上声。

美好未来(měi hǎo wèi lái):分为"美好"和"未来"两个词组,变调"美"变为35,而"好"和"未"作为各自分组的最后一个字,保持原来的上声。在快速口语中,整个词组只有"来"保持原来的上声,其他音节变为35。

需要注意的是,这种变调处理使语句的节奏更加流畅,也更符合汉语的语音特点。但是,这种变调规则并不是绝对的,在实际使用中还是要根据具体的语境和说话习惯来灵活运用。

(四)在非上声(阴平、阳平、去声、轻声)的前面

在普通话中,当上声(第三声,调值214)位于非上声(第一声阴平、第二声阳平、第四声去声、轻声)前面时,通常会发生变调,上声的调值由214变为21。这是为了使发音更加连贯和自然。

1. 在阴平(第一声)前

北京(běi jīng):变调后"北"由原来的上声变为21的调值。

地铁(dì tiě):变调后"地"的上声变为21的调值。

舞厅(wǔ tīng):变调后"舞"的上声变为21的调值。

2. 在阳平(第二声)前

祖国(zǔ guó):变调后"祖"的上声变为21的调值。

海洋(hǎi yáng):变调后"海"的上声变为21的调值。

语言(yǔ yán):变调后"语"的上声变为21的调值。

3. 在去声(第四声)前

解放(jiě fàng):变调后"解"的上声变为21的调值。

土地(tǔ dì):变调后"土"的上声变为21的调值。

鼓励(gǔ lì):变调后"鼓"的上声变为21的调值。

4. 在轻声前

尾巴(wěi ba):变调后"尾"的上声变为21的调值。

喇叭(lǎ ba):变调后"喇"的上声变为21的调值。

二、去声的变调

在普通话中,当两个去声(第四声)相连时,如果前一个去声不是重读音节,通常这个音节的声调会变得稍微轻柔一些,从原本的全去声(51)变为所谓的半去声(53)。这种声调调整使语音更为顺畅和自然。例如:

大会(dà huì):变调后"大"的全去声变为半去声,调值从 51 变为 53。

信念(xìn niàn):变调后"信"的全去声变为半去声,调值从 51 变为 53。

互相(hù xiāng):变调后"互"的全去声变为半去声,调值从 51 变为 53。

需要注意的是,这种变调规则并不是绝对的,在实际语言使用中可能会因说话者的习惯、语境、语速等因素而略有不同。此外,要注意的是,虽然有所轻柔,但半去声仍然保持去声的基本特征,它与全去声相比仍然是一个清晰区分的声调。

三、"一、不"的变调

在普通话中,"一"与"不"这两个字的发音有一些特殊的变调规则,当它们处于不同的语境时会有不同的读音。

第一,"一"的本调是阴平,调值为 55,即第一声。它在以下情况下读本调:

单独出现时用,比如说用"一"作为回答。例如:

问:"你要几个苹果?"
答:"一。"(发音为 yī)

在数数字时,"一"读阴平。例如:

一、二、三"(发音分别为 yī、èr、sān)

在词语或句子末尾,比如:

"统一"(发音为 tǒng yī)

在序数词中,"一"也读本调。例如:

"第一个"(发音为 dì yī gè)

"三十一楼"(发音为 sān shí yī lóu)

对于"不"的本调是去声,调值为51,即第四声。这个字在以下情况下读本调:

当"不"单独出现时,它读原调的去声。例如:

问:"你去不去?"

答:"不。"(发音为 bù)

当"不"用在词语或句子的末尾时,它也读原调的去声。例如:

"看不"(当"不"是句尾或停顿时发音为 kàn bù)

需要注意的是,在其他一些情况中,"一"和"不"会发生变调。例如,当"一"后面接第一声或者第四声时,它通常变为第四声;当后面接第二声或第三声时,它变为第二声。同样,"不"在后面接第四声的音节时变为第二声,而在接其他声(除去声以外)时保持本调。这些变调规则是为了让语言的节奏和流畅性更加协调。

第二,当"一"和"不"位于另一个去声(第四声)音节之前时,它们都变成阳平,也就是第二声,调值为35。例如:

"一向"(yí xiàng):这里的"一"因为后面跟着去声的"向",所以从第一声变成第二声,读作 yí。

"一样"(yí yàng):这里的,"一"后面紧接着去声的"样",因此"一"变调为第二声,读作 yí。

"一定"(yí dìng):此处"一"后紧随去声的"定",因此"一"要发成第二声,读作 yí。

对于"不",其变调规则也是如此。

"不够"(bú gòu):由于"够"是去声,所以"不"从第四声变成第二声,读作 bú。

"不像"(bú xiàng):这里"像"携带去声,所以"不"也要变调为第二声,读作 bú。

"不怕"(bú pà):"怕"字是去声,因此前面的"不"需变成第二声,读作 bú。

"不看"(bú kàn):因为"看"是去声,所以"不"变为第二声,读作 bú。

第三,在普通话中,当"一"和"不"位于非去声(即阴平、阳平、上声)的音节前时,它们的发音规则如下:

当"一"位于阴平(第一声)、阳平(第二声)、上声(第三声)的音节前时,它通常变为去声(第四声),调值为 51。例如:

"一般"(yì bān):"般"属于阴平声,因此"一"变成去声,读作 yì。

"一年"(yì nián):这里的"一"因为后面跟着阴平声的"年",所以变成第四声,调值为 51。

"一手"(yì shǒu):"手"带有上声,这时"一"变成去声,发音 yì。

"不"在面对阴平、阳平、上声的音节前,仍然保持它的本调,即去声(第四声),调值为 51。例如:

"不开"(bù kāi):虽然"开"是阴平声的音节,但是"不"仍旧读作去声,bù。

"不同"(bù tóng):"同"为阳平声,这里的"不"仍然读去声 bù。

"不管"(bù guǎn):"管"携带上声,但"不"还是读作去声 bù。

第四,在汉语普通话中,当"一"嵌在相同的动词中间或者"不"与相同的动词形成肯定否定连用时,通常会读成轻声,这是一种特殊的语音现象。例如:

"拖一拖"(tuō yituo):这里的"一"位于两个相同的动词"拖"之间,所以"一"读轻声。

"试一试"(shì yishi):这里的"一"也是嵌在相同动词"试"之间,所以读轻声。

对于"不"与动词形成的肯定否定连用,也是类似的情况,如:

"肯不肯"(kěn buken):这里的"不"与动词"肯"连用形成一个肯定否定结构,其中"不"读轻声。

"写不写"（xiě buxiě）："不"与"写"形成肯定否定连用，这里的"不"也是轻声。

四、"七、八"的变调

在汉语普通话中，数字"七"和"八"的声调变化具有一定的灵活性。通常，它们作为单音节词时，声调为阴平，调值为55，即音高始终保持不变，发音清晰而稳定。然而，在某些特定的语境下，尤其是在与其他去声音节相连时，"七"和"八"的调值可能会发生变化。

当"七"和"八"在去声音节前出现时，它们的调值有时会变为35，这是一种上升调，音高由低到高。这种变化通常是为了与去声音节的降调形成对比，使发音更加自然流畅。例如，在词语"七块"和"七路"中，"七"的调值变为35，与后面的去声音节"块"和"路"的调值51形成对比。同样，在词语"八块"和"八路"中，"八"的调值也变为35。然而，需要注意的是，这种调值变化并不是绝对的，有时"七"和"八"在去声音节前也可以保持不变，仍然读作阴平调值55。这种变化可能受到个人发音习惯、语速、语调等因素的影响。

除了在去声音节前可能发生变化外，在其他场合下，"七"和"八"通常保持其原始的阴平调值55。例如，在词语"七成""七亩""八成"和"八亩"中，"七"和"八"都读作阴平调值55，音高保持不变。

五、形容词重叠的变调

在汉语中，当单音节形容词重叠后并加上儿化音时，这些形容词的第二个音节，不论其原本的调值是什么，通常都会变为阴平调值55。这种语音现象在口语中非常常见，给人一种亲切、随和的感觉，同时也使表达更加生动有趣。例如，"远远儿的"，这里的"远远"是形容词"远"的重叠形式，加上儿化音后，第二个音节"远"的调值由原本的去声（51）变为了阴平调值55。同样，"饱饱儿的"中的"饱饱"是形容词"饱"的重叠形式，第二个"饱"字也读作阴平调值55。类似的例子还有"早早儿的""慢慢儿的"和"好好儿的",在这些词语中,重叠后的第二个音节都读作阴平调值 55。

在汉语中,当单音节形容词后加上叠音后缀时,这些后缀的调值多数情况下会变为阴平 55,不论原来是什么声调的字。

例如,"冷飕飕"中的"飕飕","白生生"中的"生生","直挺挺"中的"挺挺","明晃晃"中的"晃晃",以及"沉甸甸"中的"甸甸",这些叠音后缀都读作阴平调值 55。这种变化使形容词的表达更加生动具体,给人以直观的感受。然而,也有一些例外情况。虽然大多数叠音后缀会读作阴平调值 55,但也有一部分仍保留原调值。例如,"金灿灿"中的"灿灿"和"软绵绵"中的"绵绵",这两个叠音后缀就保留了原调值,没有发生变化。

在汉语中,当双音节形容词重叠后,通常会发生一些语音变化。其中一个显著的特点是,第二个音节往往会变为轻声,即调值降低,发音变得轻短而柔和。例如,在"老老实实"这个词组中,"老实"是一个双音节形容词。当它重叠后,第二个音节"实"变为了轻声,发音更加轻柔和短暂。同时,第三个和第四个音节"老"和"实"通常读作阴平调值 55,保持了原调不变。类似的例子还有"认认真真"和"清清楚楚",在这些词组中,重叠后的第二个音节都变为了轻声,而第三、四个音节则读作阴平调值 55。

第三节 轻 声

一、轻声的概念

在汉语普通话的语音中,轻声是一个与四个基本声调不同的声调。轻声不标记特定的声调高度或声调走向,而是以一种轻柔、低沉的音调发音,通常音量较小、速度较快,没有明显的升降变化。轻声通常出现在多音节词汇的非重读音节上,尤其是一些复合词、词组和语气词的末尾。例如,在词语"妈妈"(māma)中,第一个"妈"字是第一声,而第二个"妈"通常读作轻声。再如,"谢谢"(xièxie)中的第二个"谢"读作轻声。

要正确使用轻声,需要注意以下几点:

第一,轻声的发音时长通常较短。

第二,轻声的音量通常比前面的音节小。

第三,轻声并不总是保持同一音高,它的音高很多时候会受到前面音节声调的影响。

第四,轻声不应完全被忽略,即使它听起来不那么明显,但它在语言中起着区分意义和节奏的作用。

需要注意的是,轻声并不是独立的声调,因此在拼音规则中并不做特殊标识,而是按本字发音标明。轻声是普通话的一个重要语音特点,如果轻声说不好,普通话就说不地道。在南方方言中,一般没有轻声现象,所以轻声是南方方言区人学习普通话的一个难点。

二、轻声的性质

轻声在汉语中是一种独特的语言现象,它并不是独立于阴平、阳平、上声、去声之外的第五种声调。当我们使用汉语拼音来拼写汉字时,也不会为轻声字特别标注。实际上,轻声是一种语流音变现象,即音节在连续的语流中由于前后音节的影响其声调会发生变化。

这些读轻声的音节原本都有自己固定的本调,但在具体的词语或句子中,它们会根据语境和相邻音节的情况进行一种特殊的变调,这种变调就是轻声。例如,"来"这个字在单独出现时它的声调是阳平,但是当它与其他字组成词语,如"上来"或"下来"时,它就会失去原有的阳平声调,读作轻声。

从声学角度分析,轻声是一种特殊的音节,它在汉语的四声系统中占有一席之地。轻声通常没有明确的声调轮廓,与标准的四个声调相比,轻声有如下声学特征:

第一,音长。轻声音节的发音时长通常比重读音节短。在正常语速下,轻声会迅速发出并迅速结束,给人一种轻快的感觉。

第二,音强。轻声音节的发音强度较弱,这意味着在发音时发出的声音能量较低。这种发音强度的减弱使轻声相对于前面的重读音节来说听起来更加柔和。

第三,音高。尽管声调通常由音高的变化来决定,但轻声往往没有一个固定的音高模式。轻声的音高通常受到前面音节声调的影响,它相对于前一个音节的音高稍低或者维持在一个平稳的状态。

第四,音色。轻声的音色也有所不同,这是由于发音时声带的张力减弱以及发音时长和强度的变化所导致的。

在汉语中,轻声不是独立存在的,它总是附着在前面音节的后面,并且通常是复词或短语中的第二个或后面的音节。例如,在"妈妈"(māma)这个词里,第一个"妈"字是高平调,而第二个"妈"则读作轻声,它依赖于第一个字的语境来确定其发音方式。

轻声没有固定调值,即它不具备独立的声调高低变化模式。轻声的音高通常较低,但其具体音高是相对的,受到前面音节发音的影响。这种依附性和相对性使轻声在实际语言运用中具有一定的灵活性。

三、轻声的功能

轻声在汉语中担当着多种功能,这些功能对于确保语言的流畅性、清晰性和表达的准确性至关重要。以下是轻声的一些主要功能。

(一)词汇区分功能

轻声可以帮助区分不同的词汇。有些汉语词汇仅通过轻声与否就能区分意义。例如,"东西"(dōngxī)和"东西"(dōngxi,其中"西"为轻声),前者是指方位,而后者是指物品。

（二）句法功能

轻声在句子中可以用来标记和区分词组和短语的边界。例如，在"桌子上"（zhuōzi shàng）中，"子"字用轻声有助于听者理解"桌子"是一个名词词组。

（三）韵律功能

轻声有助于形成汉语的韵律模式，它能够平衡句子的节奏，使发音更加自然和顺畅。轻声的加入可以使语言的节奏感更强，而不是单一的重读音节连续排列。

（四）语气功能

在口语交流中，轻声可以表达说话人的态度或情感。例如，把名词后面的量词读轻声，可以表达亲昵、轻松等情感色彩，如"一点儿"（yīdiǎnr）中的"点"和"儿"通常读轻声，用于表达轻松的语气。

（五）便于发音

由于轻声的音量较低，音长较短，使发音更为便捷，可以帮助说话者在说长句子时更节省气息，保持语言的连贯性。

（六）辨识和记忆

轻声有助于区分词语和短语，这在学习汉语词汇时尤其重要。正确的轻声使用能够提高语言的可辨识性，有助于记忆和理解。

（七）文化内涵

轻声会用于一些特定的词汇和表达习惯中，这反映了汉语的文化特点。比如,在汉语中称呼家人时常常使用轻声,显示出一种亲密和温暖的感觉。

轻声虽然在发音上可能不那么显著,但它在语言的表达和理解上扮演着不可或缺的角色。正确和恰当地使用轻声是汉语流畅和地道表达的关键之一。

四、轻声对声母和韵母的影响

(一)轻声对音节中声母的影响

轻声对音节中声母的影响反映了语音发音过程中的自然变化,这些变化有时被称为连读变音。在汉语口语交流中,轻声的应用不仅影响了音节的声调,也对音节的声母甚至整个音节的发音有所影响。这些影响主要表现在以下几个方面。

1. 清辅音声母的浊化

在轻声的作用下,原本清晰的送气音(如"t""p""k")有时会变得较为浊响,类似于浊辅音(如"d""b""g")。这种变化通常是因为在轻声的连读过程中,发音者的发音努力降低,声带振动减弱,使清辅音声母变得不那么尖锐。例如,在"我的"(wǒde)中,当"的"读作轻声时,声母"d"就可能从清音 [t] 变为略微浊响的 [d]。

2. 送气音的不送气化

在汉语中,送气音与不送气音是辅音的重要区分。当轻声作用于原本是送气音的音节时,由于发音时气流的减弱,声母的送气特征会减少,甚至消失。例如,"糊涂"(hútu)中的"涂"和"馄饨"(húntun)中的"饨"在轻声的作用下,声母 t 可能会变成不送气的 [t]。

3. 声母的省略

在某些情况下,如果轻声音节读得非常轻,声母可能会被完全省略,这在口语中较为常见。这种现象在一些特定的词组中尤为明显,如"五个"(wǔge)在非正式快速语流中可能会发音为 wu'e,省略了"个"的声母 [g]。

(二)轻声对音节中韵母的影响

轻声在汉语中的使用不仅影响了音节的声调,还在一定程度上影响了音节中韵母的发音。韵母的变化受轻声的影响主要表现在以下几个方面。

1. 韵母元音的中化

当一个音节被读作轻声时,其韵母中的主要元音往往会向中央元音 ə 靠拢,发音较为含糊不清。元音的这种"中化"是因为轻声音节的发音强度降低,发音时的开口度和舌位都趋于中性位置。例如,在词语"回来"(huílái)中,当"来"读作轻声时,原来的元音组合 [ɑi] 就会靠近 ə,变得不那么清晰。同样,在"头发"(tóufɑ)中,轻声音节"发"的韵母 [ɑ] 也会向 ə 靠拢。

2. 韵母的省略

在某些情况下,轻声音节的韵母可能会完全省略,尤其是在快速的口语中,这导致音节的末尾音消失,使音节发音更简短。例如,"豆腐"在某些快速的口语场合中可能由 [toufu] 变为 [touf],去掉了韵母 [u] 的发音。

3. 声调的消失

轻声的一个明显特征是不携带明确的声调,这不仅影响了音节的节奏,也可能对韵母的发音产生间接影响。由于轻声音节不强调声调,发音时的音高、音长等特征都比正常声调下的发音要弱,这可能会导致发音时元音的持续时间缩短,进一步加剧韵母的含糊和省略程度。

五、变读轻声的规律

轻声的使用有一些规律性,但也存在不少例外情况。以下是轻声变读的一些常见规律。

第一,汉语中一些后缀,如"子""儿""头"等,在组成词语时往往读轻声。例如,"桌子"中的"子"、"小孩儿"中的"儿"、"花头"中的"头"。

第二,在叠词(即重复的词)中,第二个词经常读成轻声。例如,"走走"中的第二个"走","看看"中的第二个"看"。

第三,一些用来表达语气的词,如"了""的""着"等,在句子中通常读成轻声。例如,在"我知道了"中的"了","我的书"中的"的"。

第四,一些助词在句中没有实际意义,只起到语法作用,经常读成轻声。例如,"干得好"中的"得"。

第五,亲属称谓词在重复时,第二个词常常变成轻声。例如,"爸爸"中的第二个"爸","姐姐"中的第二个"姐"。

第六,对于双音节动词重叠,一般规律是第二个动词的第一个音节和第二个音节都读轻声,即重叠后的第二和第四个音节读轻声。例如:

  研究研究:这里"研究"重叠后,第二个"研"读轻声,第二个"究"也读轻声。

  讨论讨论:"讨论"重叠后,第二个"讨"和"论"均读轻声。

第七,对于双音节形容词重叠,一般情况下,重叠后的第二个音节(即第一个形容词的第二个字)读轻声。例如:

  老老实实:形容词"老实"重叠后,第一个"实"读轻声。

  高高兴兴:形容词"高兴"重叠后,第一个"兴"读轻声。

第八,在汉语中,有不少固定搭配的双音节词语,其中第二个音节习惯上读成轻声,这类词语被称为词汇轻声词。这些词语很常见,而且在日常交流中频繁使用。轻声的运用使发音更自然、流畅,也是汉语音韵美的体现。以下是一些词汇轻声词的例子及其发音。

玻璃（bōli）：在这个词语中，"璃"通常读轻声。
葡萄（pútao）：这里，"葡"正常读，而"萄"读轻声。
眼睛（yǎnjing）：在这个词语中，"睛"读轻声。
东西（dōngxi）：在这个词语中，"西"读轻声。
事情（shìqing）：在这个词语中，"情"读轻声。
月亮（yuèliang）：在这个词语中，"亮"读轻声。
马虎（mǎhu）：在这个词语中，"虎"读轻声。
明白（míngbai）：在这个词语中，"白"通常读轻声。

第四节 儿 化

一、儿化的概念

儿化也叫"儿化音"或"儿音"，是汉语中的一种独特的音变现象，主要出现在北方方言和普通话中。儿化是指在某些词语的尾音后面加上一个"儿"音，使原来的词语发生变化，既有音韵上的变化，也可能伴随着语义上的微妙变化。

二、儿化的性质

儿化音是汉语中一种独特的语音现象，其性质主要包括以下几方面。

（一）音韵性质

儿化音的音韵特征是在原有音节的基础上加入了"儿化韵"，即在原有的韵母后添加了一个类似于 [r] 的音素。在普通话中，这个音是一个舌尖后音,舌尖卷曲向后,靠近或接触硬腭。

(二)区域性质

儿化音在不同的汉语方言中表现不一。它在北方方言,尤其是北京话中非常常见,而在南方方言中使用较少。这种区域性导致了儿化音在普通话中的地域色彩,常常被认为带有明显的北方特征。

(三)语法性质

儿化可以用来表达语法关系,尤其是集合的概念。例如,"东西"儿化后变成"东西儿",可以表示一些杂物的集合。除此之外,儿化有时还能体现出亲密、轻松的语气。

(四)语义性质

儿化可能会对词语的语义产生影响。有时它可以使词语带有更加亲切或者微小的含义,如"小狗"儿化成"小狗儿"可能显得更加亲昵。然而,并非所有儿化都改变原词的含义,有些儿化仅仅是出于习惯的口语表达,如"事儿"(事情)。

(五)流变性质

儿化音的使用在不断变化中。随着语言的发展和地区间的交流,儿化音的使用习惯可能会发生改变,有些地区可能会逐渐增加儿化音的使用,而有些地区则可能减少。

(六)音节结构性质

儿化音的形成涉及音节结构的调整。在发音过程中,原来的韵尾可能会被省略或者改变，以适应儿化音的加入，这种结构上的调整使儿化音节往往比原音节更加闭合。

三、儿化的功能

概括来说，儿化的功能主要包括以下几方面。

（一）区别词语的意义

儿化音在汉语中可以改变原词的意义，甚至使其成为一个含义截然不同的新词。例如：在非儿化形式下，"手"指的是人的肢体部分。而"手儿"在北方口语中有时候可以指代技巧或者手艺，比如"做饭手儿"。"花"通常指植物上开的花或者图案。但是"花儿"在北方方言中，尤其是在儿歌或口语中往往用来指代花朵，带有一种亲切或可爱的语感。"盖"作为普通名词时，指的是覆盖在物体上面的东西。"盖儿"除了可以表示小盖子之外，有时候也指代房屋的屋顶或某些器物的顶部。

（二）区别词的词性

儿化不仅能改变词语的意义，有时还能引起词性的转变，从而让原本的词语衍生出全新的词汇条目或者成为具有独立意义的儿化语素。这种现象在汉语中比较常见，下面是一些例子。

"棒"作为名词，可以指长条形的工具或武器。"棒儿"在北方方言中，除了能表示"小棒子"这一名词外，有时还可以用作形容词，用来形容人或事物出色、厉害，如"他打球打得挺棒儿的"。

"弯"作为动词时，描述使直的弯曲或身体前倾的动作；作为形容词时，形容物体呈弯曲状。"弯儿"通常是名词，指具体的弯曲部分，如道路的"转弯儿"。

"圈"可以是名词，也可以是动词。作为动词时，它描述环绕或包围的动作。"圈儿"在儿化之后则通常指名词,特指一个圆形的界定空间或者形状,如"画了个圈儿"。

(三)有助于表达感情

儿化语音现象在汉语中有丰富的感情色彩,它能够给原本普通的词汇带来更加生动和具体的情感表达。通过儿化,词语往往会显得更加形象和生动,也更能触达听者的情感。

1. 表示亲切感情的儿化

老头儿:比起正式的"老头","老头儿"更显得亲切和家常,常用来指代年纪较大的男性,有时还包含了一定的爱怜或宠溺之意。

果汁儿:说"果汁儿"感觉比单纯的"果汁"更有口语化和亲近感,听起来像是在描述一种日常而亲切的饮品。

脸蛋儿:此处的儿化增强了面部特征的可爱之感,通常用来形容小孩或年轻女性的圆润、光滑的面颊。

宝贝儿:这个词加上儿化音后,更加强了对人(尤其是小孩)或物品极为珍爱和宝贵的感情。

2. 诙谐和讥讽的儿化

小偷儿:在这里,"小偷"加上儿化,可能是在轻蔑或者讽刺的语境中使用,减少了话题的严肃性,增添了一种非正式和戏谑的氛围。

门道儿:通常表示行当中的诀窍或方法,儿化后更显得口语化,有时带有一丝玩味和深意。

3. 表示细微量少的儿化

小事儿:相对于"小事","小事儿"在语气上更显得轻描淡写,表达了事情轻微、不必过于担心的态度。

针尖儿:儿化后的"针尖"强调了其极小的尺寸,表达了一种细致入微的感觉。

门缝儿：这个儿化形式强调了门缝的狭小，可能用来形容一种偷看或微小的观察角度。

四、儿化韵的发音规律

从理论上讲，普通话中的39个韵母，除了"er"韵母本身，理论上均有经历儿化的过程。然而，在实际的口语交流中，并不是所有的韵母都常见儿化的情况。特别是韵母"ê"和"ueng"，在日常生活中没有发现它们的儿化形式，因此，实际上能够进行儿化变化的韵母有36个。当韵母发生儿化时，它们的发音通常会有所改变，这些变化遵循一定的规律。

首先，对于音节末尾是 a、o、e、ê、u 的元音，在儿化时是直接在原有韵母后面加上卷舌音 [r]，形成儿化音。以下是一些例子来具体说明这一点。

对于以 a 结尾的音节，儿化后加上卷舌的 [r] 音，韵母的发音变化不大，仍然保持原有的元音质地，只是在末尾加入了儿化的成分。例如，"刀把"儿化后变为"刀把儿"，发音为 [dɑʊbɑr]。

如果音节以 o 结尾，同样是直接在音节末尾添加儿化音，韵母的主体部分保持不变。例如，"山坡"儿化后变为"山坡儿"，发音为 [ʃɑnpʰor]。

当 e 位于音节末尾时，儿化同样是在其后直接添加卷舌音，但这时候的元音可能会因为儿化音的加入而有轻微的长度或音质上的变化。如"花瓣"儿化为"花瓣儿"，发音为 [hwaʔpʰɛnr]。

对于 ê 这个元音，虽然理论上可以儿化，但在实际语言使用中，以此韵尾的儿化形式并不常见。

u 作为韵尾的音节在儿化时，同样是在其后面加上卷舌音。例如，"头发"儿化为"头发儿"，发音为 [tʰoufɑr]。

其次，对于韵尾是 i 或 n（不包括 in 和 un）的音节，儿化时通常会去除这些韵尾，同时主要元音会发生卷舌作用，添加一个类似于 [r] 的音。

第二篇　普通话语音知识

对于以 i 结尾的音节,儿化后,i 往往会被省略,主要元音会变为卷舌音。例如,词语"小孩"在儿化后变成"小孩儿",其中"孩"由普通话的 [xɑi] 变为儿化音 [xɑr]。

而对于以 n 结尾的音节,儿化时,n 也会被去掉,同样以卷舌音结束。以"小盆"为例,在儿化后变为"小盆儿","盆"由普通话的 [pʰən] 变为儿化的 [pʰər]。

再次,对于含有韵母 in 和 ün 的音节,儿化的做法是去除韵尾的前鼻音 -n,并在此基础上添加一个中央元音 ə,然后跟上一个卷舌辅音 r。这样的变化不仅使发音更加顺滑,也在一定程度上改变了词语的音节结构。例如:

对于韵母 in,儿化后通常会移除韵尾的 -n,然后在元音 i 之后加上 [ər]。因此,"口信"儿化后变为"口信儿",发音由 [kʰouxin] 变成 [kʰouxiər]。

对于韵母 ün,儿化过程也是去掉韵尾的 -n,并加上 [ər]。所以,"围裙"儿化成"围裙儿",发音由 [wéicyɛn] 变为 [wéicyər]。

最后,韵母是 i 和 ü 的音节进行儿化时,会在原韵母后加上一个 ər 的音。这个过程不仅使词语的发音更为生动,还能带来一种独特的语音韵味,尤其是在北方方言中。

对于韵母是 i 的音节,儿化后在 i 的基础上添加 [ər]。例如,"提"字儿化后发音为 [tíər]。在这个例子中,原来的单一元音 i 经过儿化处理,变得更加圆润。

对于韵母是 ü 的音节,同样也是在 ü 后面加上 [ər]。由于汉语拼音系统中没有独立的 ü 字母,ü 常常根据上下文在 u 的位置上加两个点以示区分。例如,"绿"字儿化后发音为 [lǜər]。

另外,在普通话中,舌尖元音韵母 -i,又称舌尖前元音,主要出现在 zh, ch, sh, r 这四个声母之后,它的发音特点是舌尖抵住下齿,舌面中部稍微隆起。当这类音节儿化时,它们通常会失去原有的韵母 -i 的发音特征,转而采用卷舌韵母 er[ɹ] 的发音。例如:

"知"字在没有儿化的情况下发音为 [tʂʅ],儿化后变为 [tʂər]。

"日"字儿化前的发音为 [ʐʅ],儿化后变为 [ʐər]。

175

第五节 语气词"啊"的音变

句尾的语气词"啊"在汉语中扮演着举足轻重的角色,它不仅是情感的传达者,还是语言的调色板。当它单独使用时,它是一个独立的叹词,用以表达强烈的情感。但当它作为语气词出现在句末时情况就变得复杂而有趣起来。由于"啊"常常受到前面音节尾音的影响,它会发生"同化"和"增音"等音变现象,这种现象是汉语口语中的一大特色。这些音变现象不仅改变了"啊"的发音,有时还会相应地改变其书写形式。因此,根据实际的读音,我们可能会看到"啊"的变体写法,如"呀""哇""哪"等。这些变体写法反映了"啊"在不同语境和发音条件下的灵活变化,也是汉语语言魅力的体现。其主要的变化规律如下表 6-1 所示。

表 6-1 语气词"啊"的音变规律[①]

"啊"前面音节的韵母	"啊"前面音节末尾的因素	"啊"的音变	汉字的变体写法	举例
i、ai、uai、ei、uei、ü	i、ü	ya	呀	来呀、去呀
u(包括 ao、iao)、ou、iou	u	wa	哇	好哇、跑哇
an、ian、uan、üan、en、in、uen、ün	n	na	哪	看哪、人哪
ang、iang、uang、eng、ing、ueng、ong、iong	ng	nga	啊	唱啊、冲啊

---

① 胡裕树.现代汉语[M].上海:上海教育出版社,2011:100.

续表

"啊"前面音节的韵母	"啊"前面音节末尾的因素	"啊"的音变	汉字的变体写法	举例
-i[ɿ]	-i[ɿ]	[zɑ]	啊	几次啊、这是什么字啊
-i[ʅ]	-i[ʅ]	rɑ	啊	什么事啊、同志啊
a、ia、ua、o、uo、e、ie、üe	a、o、e、ê	ya	呀	他呀、学呀

需要指出的是,在日常沟通中,如果能熟练运用语气词"啊"的音变规则,语调就会显得更加自然。在书写时,可以选择根据实际发音将其写作"呀""哇""哪"等形式,也可以统一使用"啊"作为书写形式。然而,在朗读或口语表达时,必须根据"啊"的音变规律来正确发音,以确保语气的真实和自然。

第三篇
普通话水平测试

普通话教学研究

第一节 普通话水平测试概述

一、普通话水平测试的概念

普通话水平测试（Putonghua Shuiping Ceshi, PSC）是一种检测应试人运用普通话的规范程度、熟练程度的口语考试。这种测试不是口才的评定，而是对应试人掌握和运用普通话所达到的规范程度的测查和评定，是应试人的汉语标准语测试。普通话水平等级分为三级六等，即一、二、三级，每个级别再分出甲乙两个等次，其中一级甲等为最高，三级乙等为最低。

普通话水平测试是我国现阶段普及普通话工作的一项重大举措，它标志着我国普及普通话工作走上了制度化、规范化、科学化的新阶段。根据教育部规定，应接受普通话水平测试的人员包括教师、广播电台和电视台的播音员、节目主持人、影视话剧演员、国家机关工作人员、师范类专业和其他与口语表达密切相关专业的学生等。

普通话水平测试等级证书是证明应试人普通话水平的有效凭证，证书由国家语言文字工作委员会统一印制。普通话一级乙等以下的证书由省（直辖市）级语言文字工作委员会加盖印章后颁发，而普通话一级甲等的证书则需经国家普通话水平测试中心审核并加盖国家普通话水平测试中心印章后方为有效。有效的普通话水平测试等级证书全国通用。

二、开展普通话水平测试工作的意义

《中华人民共和国宪法》规定："国家推广全国通用的普通话。"这一规定不仅彰显了国家对语言文字规范化的高度重视，也反映了普通话在促进国家统一、社会进步和文化交流中的重要作用。普通话作为全国通用的语言,是中华民族团结的纽带,也是社会主义精神文明建设的重要内容。

随着社会主义市场经济的迅猛发展和语言文字信息处理技术的不断创新,普通话的推广与应用变得日益紧迫。在经济全球化的大背景下,普通话作为交际的工具能够促进不同地区、不同民族之间的顺畅沟通,有助于信息的快速传递和政令的畅通无阻。同时,普通话的普及也是推动经济、政治、文化等各项事业发展的重要保障。

为了明确21世纪我国语言文字工作的方向和目标,1997年召开的全国语言文字工作会议制定了明确的战略规划。会议要求,到2010年,普通话应在全国范围内初步普及;到21世纪中叶,普通话应在全国范围内全面普及。为实现这一目标,我们确立了以大中城市为中心,以学校为基础,以党政机关为龙头,以新闻媒体为榜样,以公共服务行业为窗口的工作思路。这一思路旨在通过各行业的共同努力,带动全社会做好语言文字规范化工作,形成良好的语言文化环境。

开展普通话水平测试工作是实现这一目标的重要措施。通过科学的测试体系,可以评估个人的普通话水平,为普及普通话工作提供有力的数据支持。同时,普通话水平测试工作也是对普及普通话工作的极大促进,它将使普及普通话工作逐步走向科学化、规范化、制度化,为国家的语言文字工作注入新的活力。

第二节　普通话水平测试大纲

为进一步提高推广普通话工作的制度化、规范化、科学化水平,完善普通话水平测试系统,依据《普通话水平测试管理规定》《普通话水平测试等级标准》制定了《普通话水平测试大纲》,《普通话水平测试大纲》是国家实施普通话水平测试的依据,各级测试机构和普通话水平测试员要严格执行,以确保测试质量。

一、测试的名称、性质、方式

本测试定名为"普通话水平测试"(PUTONGHUA SHUIPING CESHI,缩写为PSC)。

普通话水平测试测查应试人的普通话规范程度、熟练程度,认定其普通话水平等级,属于标准参照性考试。本大纲规定测试的内容、范围、题型及评分系统。

普通话水平测试以口试方式进行。

二、测试内容和范围

普通话水平测试的内容包括普通话语音、词汇和语法。

普通话水平测试的范围是国家测试机构编制的《普通话水平测试用普通话词语表》《普通话水平测试用普通话与方言词语对照表》《普通话水平测试用普通话与方言常见语法差异对照表》《普通话水平测试用朗读作品》《普通话水平测试用话题》。

三、试卷构成和评分

试卷包括5个组成部分,满分为100分。

(1)读单音节字词(100个音节,不含轻声、儿化音节),限时3.5分钟,共10分。

目的:测查应试人声母、韵母、声调读音的标准程度。

要求:

① 100个音节中,70%选自《普通话水平测试用普通话词语表》"表一",30%选自"表二"。

② 100个音节中,每个声母出现次数一般不少于3次,每个韵母出现次数一般不少于2次,4个声调出现次数大致均衡。

③音节的排列要避免同一测试要素连续出现。

评分：

①语音错误，每个音节扣 0.1 分。

②语音缺陷，每个音节扣 0.05 分。

③超时 1 分钟以内，扣 0.5 分；超时 1 分钟以上（含 1 分钟），扣 1 分。

（2）读多音节词语（100 个音节），限时 2.5 分钟，共 20 分。

目的：测查应试人声母、韵母、声调和变调、轻声、儿化读音的标准程度。

要求：

①词语的 70% 选自《普通话水平测试用普通话词语表》"表一"，30% 选自"表二"。

②声母、韵母、声调出现的次数与读单音节字词的要求相同。

③上声与上声相连的词语不少于 3 个，上声与非上声相连的词语不少于 4 个，轻声不少于 3 个，儿化不少于 4 个（应为不同的儿化韵母）。

④词语的排列要避免同一测试要素连续出现。

评分：

①语音错误，每个音节扣 0.2 分。

②语音缺陷，每个音节扣 0.1 分。

③超时 1 分钟以内，扣 0.5 分；超时 1 分钟以上（含 1 分钟），扣 1 分。

（3）选择判断 [注]，限时 3 分钟，共 10 分。

词语判断（10 组）

①目的：测查应试人掌握普通话词语的规范程度。

②要求：根据《普通话水平测试用普通话与方言词语对照表》，列举 10 组普通话与方言意义相对应但说法不同的词语，由应试人判断并读出普通话的词语。

③评分：判断错误，每组扣 0.25 分。

量词、名词搭配（10 组）

①目的：测查应试人掌握普通话量词和名词搭配的规范程度。

②要求：根据《普通话水平测试用普通话与方言常见语法差异对照表》，列举10个名词和若干量词，由应试人搭配并读出符合普通话规范的10组名量短语。

③评分：搭配错误，每组扣0.5分。

语序或表达形式判断（5组）

①目的：测查应试人掌握普通话语法的规范程度。

②要求：根据《普通话水平测试用普通话与方言常见语法差异对照表》，列举5组普通话和方言意义相对应，但语序或表达习惯不同的短语或短句，由应试人判断并读出符合普通话语法规范的表达形式。

③评分：判断错误，每组扣0.5分。

选择判断合计超时1分钟以内，扣0.5分；超时1分钟以上（含1分钟），扣1分。答题时语音错误，每个音节扣0.1分，如判断错误已经扣分，不重复扣分。

（4）朗读短文（1篇，400个音节），限时4分钟，共30分。

目的：测查应试人使用普通话朗读书面作品的水平。在测查声母、韵母、声调读音标准程度的同时，重点测查音变、停连、语调以及流畅程度。

要求：

①短文从《普通话水平测试用朗读作品》中选取。

②评分以朗读作品前400个音节（不含标点符号和括注的音节）为限。

评分：

①每错1个音节，扣0.1分；漏读或增读1个音节，扣0.1分。

②声母或韵母的系统性语音缺陷，视程度扣0.5分、1分。

③语调偏误，视程度扣0.5分、1分、2分。

④停连不当，视程度扣0.5分、1分、2分。

⑤朗读不流畅（包括回读），视程度扣0.5分、1分、2分。

⑥超时扣1分。

（5）命题说话,限时 3 分钟,共 30 分。

目的:测查应试人在无文字凭借的情况下说普通话的水平,重点测查语音标准程度、词汇语法规范程度和自然流畅程度。

要求:

①说话话题从《普通话水平测试用话题》中选取,由应试人从给定的两个话题中选定 1 个话题,连续说一段话。

②应试人单向说话。如发现应试人有明显背稿、离题、说话难以继续等表现时,主试人应及时提示或引导。

评分:

①语音标准程度,共 20 分。分六档:

一档:语音标准,或极少有失误。扣 0 分、0.5 分、1 分。

二档:语音错误在 10 次以下,有方音但不明显。扣 1.5 分、2 分。

三档:语音错误在 10 次以下,但方音比较明显;或语音错误在 10 次~15 次之间,有方音但不明显。扣 3 分、4 分。

四档:语音错误在 10 次~15 次之间,方音比较明显。扣 5 分、6 分。

五档:语音错误超过 15 次,方音明显。扣 7 分、8 分、9 分。

六档:语音错误多,方音重。扣 10 分、11 分、12 分。

②词汇语法规范程度,共 5 分。分三档:

一档:词汇、语法规范。扣 0 分。

二档:词汇、语法偶有不规范的情况。扣 0.5 分、1 分。

三档:词汇、语法屡有不规范的情况。扣 2 分、3 分。

③自然流畅程度,共 5 分。分三档:

一档:语言自然流畅。扣 0 分。

二档:语言基本流畅,口语化较差,有背稿子的表现。扣 0.5 分、1 分。

三档:语言不连贯,语调生硬。扣 2 分、3 分。

说话不足 3 分钟,酌情扣分:缺时 1 分钟以内(含 1 分钟),扣 1 分、2 分、3 分;缺时 1 分钟以上,扣 4 分、5 分、6 分;说话不满 30 秒(含 30 秒),本测试项成绩计为 0 分。

四、应试人普通话水平等级的确定

国家语言文字工作部门发布的《普通话水平测试等级标准》是确定应试人普通话水平等级的依据。测试机构根据应试人的测试成绩确定其普通话水平等级,由省、自治区、直辖市以上语言文字工作部门颁发相应的普通话水平测试等级证书。

普通话水平划分为三个级别,每个级别内划分两个等次。其中:

97 分及其以上,为一级甲等;

92 分及其以上但不足 97 分,为一级乙等;

87 分及其以上但不足 92 分,为二级甲等;

80 分及其以上但不足 87 分,为二级乙等;

70 分及其以上但不足 80 分,为三级甲等;

60 分及其以上但不足 70 分,为三级乙等。

[注] 各省、自治区、直辖市语言文字工作部门可以根据测试对象或本地区的实际情况,决定是否免测"选择判断"测试项。如免测此项,"命题说话"测试项的分值由 30 分调整为 40 分。评分档次不变,具体分值调整如下:

(1)语音标准程度的分值,由 20 分调整为 25 分。

一档:扣 0 分、1 分、2 分。

二档:扣 3 分、4 分。

三档:扣 5 分、6 分。

四档:扣 7 分、8 分。

五档:扣 9 分、10 分、11 分。

六档:扣 12 分、13 分、14 分。

(2)词汇语法规范程度的分值,由 5 分调整为 10 分。

一档:扣 0 分。

二档:扣 1 分、2 分。

三档:扣 3 分、4 分。

(3)自然流畅程度,仍为 5 分,各档分值不变

第四篇
普通话教学改革

普通话教学研究

第一节　普通话教学现状

普通话作为我国的通用语言，其重要性不言而喻。然而，当前普通话教学却存在着诸多问题，这些问题不仅影响了普通话的普及和推广，也对国家语言文字事业的发展产生了制约。具体来说，普通话教学存在的问题主要包括以下几方面。

一、教育资源分布不均

在我国，普通话作为官方语言，承担着统一语言沟通和传承文化的重要职能。然而，普通话教育资源的分布并不均衡，其分配往往呈现出明显的地域性。在众多大城市和经济发达地区，由于教育投入充足、师资力量雄厚以及教育管理体系完善，普通话教育资源丰富，学校普通话教学水平高，学生普通话水平普遍较高。在这些地方，从小学到大学，甚至在社区和职场中，都能接触到系统的普通话教学和实践环境，人们从小就能在良好的语言环境中学习和使用普通话，日常交流无障碍，信息获取无延误。相对而言，农村和经济欠发达地区的情况就不那么乐观了。这些地区的教育资源相对短缺，特别是优质的普通话教育资源。在这些地区，由于经费投入有限，师资队伍建设滞后，一些学校的普通话教学难以达到理想的水平。农村地区的孩子们缺乏学习标准普通话的机会，他们在课堂上接受的普通话教学可能是由当地口音较重的老师教授的，这种情况不利于学生普通话能力的提升。此外，农村地区普通话的使用环境相对闭塞，缺乏足够的实践机会，导致孩子们即使在学校学习了普通话，在日常生活中仍然习惯使用方言进行交流,这就形成了一种学用脱节的现象。

这种不平衡的资源分布状态不仅影响了农村和欠发达地区的孩子们的普通话学习,也在潜移默化中加剧了城乡之间、不同地区之间的交流隔阂。城市里的孩子们使用流利的普通话交流,而农村孩子们使用方言交流,两者之间很容易形成一道隐形的沟壁,使语言表达与理解上的差异成为社会融合的障碍。长此以往,不仅会影响到个人的教育和职业发展,也可能成为制约社会经济发展和区域协调发展的一个因素。

二、师资力量不足

近年来,我国对普通话教育的重视程度不断提升,并投入了大量的资源在普通话师资的培训上。政府和教育部门相继推出了一系列的师资培训项目、提升计划以及专业培养方案,试图通过专业化、系统化的培训提高普通话教师的整体素质。然而,面对日益增长的普通话教学需求,目前的培训力度和效果依然存在着不小的差距。

在专业素质方面,尽管教师普通话水平较高,但在语音学、语言教育学等相关专业知识的深度和广度上,仍有不少教师未能达到理想的标准。他们可能在教学过程中难以准确地把握普通话的语音规律,或者在解释语言现象时缺乏足够的理论支撑,这直接影响到了教学的质量和效果。此外,普通话教师队伍的稳定性问题也不容忽视。由于普通话教师的薪酬和职业发展空间在一些地区并不理想,加之工作压力较大,不少教师选择了离职或转行。这种流动性不仅打乱了教学的连贯性,也对学生的学习进度和质量造成了负面影响。教师队伍的频繁更替,使学校难以形成稳定的教学风格和团队合作,影响了普通话教学的长期规划和持续推进。

三、教学方法单一

当前普通话教学在方法上存在一定的局限性。一些学校和教师为了追求教学的规范性和系统性,可能会过度侧重于语法规则的教学和词汇量的积累,采用较为传统的"填鸭式"教学方法。这种方法通常是教师在课堂上讲解,学生在下面听,并完成大量的重复性练习。虽然这种方式在一定程度上能够帮助学生构建语言知识的框架,但它也有着明显的弊端。

第一,单一的教学方式容易导致学生对普通话学习失去兴趣。当课堂变得单调,缺乏变化和互动时,学生很难保持积极主动的学习状态。学习语言是一个动态的过程,它不仅仅是记忆语法规则和积累词汇,更重要的是要用语言进行思考和沟通。如果不能在课堂上创造更多实际运用语言的机会,学生很难感受到学习普通话的乐趣和实用价值。

第二,忽视了对学生实际语言运用能力和口语交际能力的培养。语言的核心功能是交流,而交流能力的提高不仅仅依赖于语法知识和词汇量,更依赖于实际运用的能力。传统教学方法往往忽视了听说能力的培养,学生可能在纸面上的普通话水平很高,但真正到了交流的场合,却无法流利表达,无法有效沟通。

四、学生学习兴趣不高

在以考试成绩为导向的应试教育体系中,普通话教学的地位往往不如数学、语文、英语等主科那样被重视,有时甚至被视为一门辅助性质的"副科"。这种教育体系的倾向性在很大程度上影响了学生和家长对普通话学习的态度和重视程度。学生在面对紧张的学业压力时,可能会不自觉地将更多的时间和精力投入到那些被认为更能影响升学和就业前景的科目上,而忽视了普通话的学习。此外,当普通话教学采用的是单一、呆板的教学方法时,学生在课堂上的体验很可能是枯燥乏味的,缺乏有效的激励和吸引力。在这种情况下,学生在学习过程中很难感受到语言学习的魅力和实际应用的乐趣,难以对普通话学习产生内在的动力。长此以往,不仅影响了学生学习普通话的积极性,更可能导致他们对普通话学习产生消极态度,甚至抵触情绪。

五、社会重视程度不够

尽管我国政府在政策上多次强调推广普通话的重要性,甚至将其作为一项国家语言政策来推进,但在实际生活中,普通话的普及和推广仍然面临着一些挑战。在不同地区,尤其是在一些较为闭塞的乡村地区或者传统文化保留较为完整的地区,方言的使用依然十分普遍。这些地区的居民从小耳濡目染,说方言成为日常沟通的主要方式,普通话在这样的环境中自然难以成为主流。

由于地方方言与普通话在语音、词汇、语法等方面存在差异,方言地区的居民在使用普通话时可能会遇到困难,特别是对于一些年长的居民来说,改变多年的语言习惯需付出相当大的努力。因此,即便是认识到普通话重要性的人,也可能因为习惯、环境或是实际困难而在日常生活中依然使用方言。

此外,这种以方言为主的语言环境对普通话教学的重视程度和教学效果产生了直接影响。在学校中,如果学生的家庭和社区环境中普遍使用方言,那么学生即使在学校学习了普通话,回到家中和社区也很难有机会练习和运用,实践机会的缺失会直接影响到学生普通话能力的提高。

第二节　普通话教学模式的改革

一、引入新的教学理念

为了适应我国社会经济的发展和素质教育的要求,普通话教学模式需要不断改革。当前的社会经济发展呈现出多元化和国际化的趋势,这要求公民不仅要掌握标准的普通话,还需要具备良好的沟通能力和跨文化交际能力。素质教育的核心是促进学生全面发展,不仅限于知识的积累,更包括能力的培养、个性的发展和创新精神的激发。

在新的教学理念指导下,普通话教学不再是简单的语音教学和语法讲授,而是注重培养学生的语言运用能力,提高他们的综合素质。这种理念倡导教师转变角色,从知识的传授者变为学生学习的促进者和指导者。教师应该根据学生的个性和需求,设计不同的教学活动,激发学生的学习兴趣,提高他们自主学习的能力。

新的教学理念还强调教师与学生之间的互动。传统的教师中心教学法被边缘化,取而代之的是教师与学生共同建构知识、共同参与讨论的互动式教学模式。这种模式鼓励学生积极参与到教学活动中,通过小组合作、角色扮演、辩论等形式,增强学生之间的交流与合作,提升他们的社会实践能力。

总之,普通话教学模式的改革应当紧跟社会经济发展的脚步,响应素质教育的号召,通过创新教学理念和方法,培养学生的语言运用能力和综合素质,为学生的全面发展和未来的社会生活打下坚实的基础。

二、优化课程设置与教材建设

在课程设置方面,学校和教育机构必须从学生的实际需求出发,进行科学合理的规划。这意味着要分析学生的背景、知识水平和学习目标,以此为依据制定分级教学大纲。分级教学大纲能够确保每个学生都能在适合自己水平和节奏的环境中学习,避免一刀切的教学方式。差异化教学则是根据每个学生的具体情况,包括他们的学习能力、兴趣和进度,提供个性化的教学计划和指导,这样能更好地满足不同学生的需求,并帮助他们更有效地学习。

在教材建设方面,创编的教材应该紧跟时代发展的脚步,反映现代汉语普通话的实际使用情况。教材应具备时代性,包含当下社会语言交际的新现象、新词汇,使学生学到的是与时代同步的语言。同时,教材要注重实用性,内容要贴近学生的生活实际,涵盖日常会话、工作交流、专业用语等实际应用场景,提升学生将所学知识应用到现实生活中的能力。另外,教材编写还需要考虑趣味性,通过故事、游戏、漫画等形式以增加教材的吸引力,激发学生的学习兴趣和动力。

当前,随着信息技术的快速发展,多媒体教学已经成为普通话教学中不可或缺的一部分。通过音频、视频、动画等多媒体资源,教师能够创建一个更加生动、直观的学习环境,帮助学生更好地理解和掌握语音、语调等抽象的语言知识。此外,开发网络课程不仅可以打破时间和空间的限制,让学生随时随地进行学习,还能提供个性化学习路径、互动讨论区域以及即时反馈等功能,从而为学生提供更加丰富的学习资源和更加灵活的学习方式。

总体而言,课程设置和教材建设应当不断创新,紧跟时代发展的步伐,满足学生个性化和多样化的学习需求,利用现代化教学手段提升教学效果,最终实现普通话教学的目标,即提升学生的语言能力和文化素养。

三、加强师资队伍建设

教师作为教学活动的主导者,其专业素质和教学能力直接决定了教学质量和效果。因此,各级教育部门和学校应当重视师资队伍的建设,采取多项措施提升教师队伍的整体素质。

首先,加强师资队伍建设不仅包括选拔有才能的教师进入教育行业,还包括对现有教师进行专业知识和教学技能的提升。这可以通过定期组织各类培训、研讨会来实现。培训内容可以包括最新的教育理念、教学方法、课堂管理技巧、信息技术在教学中的应用等。通过这些培训,教师可以不断更新自己的专业知识,提升教学技能,从而更好地适应教育教学的发展需要。

其次,鼓励教师参与教育教学研究对于提升教学质量同样重要。教学研究可以帮助教师深入理解教学内容,掌握学生的学习特点,从而设计出更有效的教学策略。学校和教师应该积极参与或发起教学法、课程改革、教材开发等研究项目,通过实践探索和总结,不断创新教学方法和手段。

再次，为了激励教师投身于教学研究，学校和教育管理部门还应当建立相应的激励机制，如为教学研究提供经费支持、设立教育科研奖项、优化职称评审标准、开设教育创新平台等。这些措施能够激发教师的研究兴趣和创新意识，为他们提供更多的研究资源和展示平台。

最后，高校和研究机构应与基础教育机构建立更紧密的合作关系，共享资源，共同促进教师专业发展。这种协作可以通过互访、联合培训、合作研究等方式进行，以便于教师能够及时了解和接触前沿的教育理论和实践，从而提高自身的科研水平和教学水平。

通过以上措施，可以有效提升教师的专业素质和教学能力，为提高普通话教学质量打下坚实的基础，最终实现教育教学的连续性与创新性发展。

四、加强实践活动

实践活动是加强学生普通话学习的有效方式，它能够将学生从传统的课堂学习环境中带出来，让他们在更加自然的语言环境中运用所学的普通话知识，从而提高语言应用能力和实际交际技巧。

第一，学校应当充分利用各种校内资源，定期举办各类普通话语言实践活动。例如，可以组织校园演讲比赛，鼓励学生就某一话题准备并发表自己的看法，这样做既培养了他们的思辨能力，也锻炼了他们的普通话表达能力。此外，朗诵比赛也是提升学生普通话水平的好方式，通过朗诵经典诗文，学生不仅能学习到韵律美、丰富词汇量，还能够加深对汉语语言文化的理解。

第二，戏剧表演是一种集合听、说、读、写于一体的综合性普通话实践活动。在参与话剧表演的过程中，学生不仅需要理解剧本内容，还需要通过自己的表演将有效信息传递给观众，这样的过程能极大地提升学生的语言组织能力和现场应变能力。同时，话剧表演还能培养学生的团队合作精神和自信心。

除了校内活动，学校还可以利用校外资源，如组织学生参加社区文化活动、参观电台或电视台等，让学生有机会接触到专业的普通话语言环境，观摩专业人士的语言表达，从而激发学生学习普通话的兴趣和热情。还可以通过与其他学校合作，举办普通话水平大赛或交流活动，扩大学生的视野，为学生提供与不同水平学生交流的机会。

通过上述丰富多样的语言实践活动，学生能够在真实的语境中运用普通话，不断提升自己的语言实际应用能力。在这个过程中，普通话水平的提高将不仅限于考试成绩的提升，更体现在能够在实际生活中熟练、自然地使用普通话交流。这样的教学方式更符合语言学习的实质，能够更好地服务于学生的终身发展和社会实践需求。

五、完善评价体系

评价体系作为衡量教学质量的重要工具，对于教育活动的导向有着不容忽视的影响。传统的以考试成绩为主的评价模式，往往忽视学生的综合能力和创新精神，也不能全面反映学生的学习进展和实际水平。因此，需要构建一个更加全面、多元化的评价体系，以更准确地评估和促进学生的全面发展。

第一，建立多元化的评价体系意味着要综合运用多种评价方式，包括但不限于考试成绩。应当重视学生的日常学习表现，如课堂参与度，涉及学生在课堂上的积极性，如提问、讨论等互动情况；作业完成情况，即学生对作业的认真程度、创新能力以及完成质量；实践活动的表现，如参与学校组织的语言实践活动和社会实践的能力与成果。这些方面的考量可以让评价更加立体化，从而更加真实地反映学生的语言运用能力和学习态度。

第二，评价体系还应该包括对学生学业成长的过程性评价，如学习档案的建立，其中可以包括学生的自我评价、同伴评价、教师评价等，以记录学生在学习过程中的点滴进步，鼓励学生自我反思，培养自主学习的能力。

第三，除了学生的评价，教师评价同样重要。要构建有效的教师评价体系，不仅考核教师的教育教学成果，还包括教师的职业发展、教学态度、教学方法创新、对学生发展的贡献等多个维度。可以通过学生评教、同行评议、教学观摩、教学成果展示等多种形式来实施。通过这样的评价体系,可以激励教师不断提升教学水平,追求教学创新,提高教学质量。

第四,建立这样的评价体系还需要相应的政策支持,包括完善的教师培训、学生激励机制以及公正的评价标准等,确保评价体系的科学性和有效性。通过这样的评价体系,可以更加全面地了解和促进学生的语言学习与应用能力,也可以为教师提供积极向上的教学环境,共同推动教学质量的提升。

第三节　普通话教学方法的改革

随着教育技术的发展和教学理念的变革,普通话教学方法也在不断进行改革。传统的普通话教学方法主要侧重于理论知识的传授和发音技巧的训练,现代的普通话教学更加注重学生的实践应用能力和综合素质的培养。以下是一些具体的改革措施。

一、情境教学法的运用

情境教学法作为一种有效的语言教学手段,其核心在于创造一个接近真实的语言使用环境,让学生在语境中学习和使用目标语言。通过这种教学法,学生能够在具体的语言环境中更好地理解和记忆新知识,同时也能增强将语言知识应用于实际沟通的能力。

在普通话教学中,应用情境教学法意味着将教室转化为一个充满活力的语言学习空间,让学生通过模拟真实生活中可能遇到的各种场合来学习和使用普通话。例如,教师可以设计一次模拟的购物活动，让学生扮演顾客和店员的角色，练习询价、讨价还价的对话。同样，教师也可以设置问路的场景，学生在扮演行人与路人的过程中练习如何用标准普通话提问和指路。

通过角色扮演的方法，学生不仅能在具体的语境中运用所学的语言结构和词汇，还能在实际的语言交流中练习语调、语气、非语言表达等多种交际手段。这种教学方式能够让学生在轻松愉快的氛围中提高语言实践能力，同时也有助于增强他们的自信心和合作能力。

此外，情境教学法还可以扩展到更多样化的活动中。教师可以组织一次模拟的聚会，让学生在这个场景中自我介绍、进行社交对话，甚至表演小品，通过这些活动的设计和实施，学生能够在不断的互动和沟通中提升自己的语言技能，更加熟练地在各种社交场合中运用普通话。

将情境教学法融入普通话教学，不仅能够丰富教学内容，提升教学效果，还能够激发学生学习普通话的兴趣，激发他们在日常生活中主动使用普通话的意识，从而实现语言教学与实际应用的有机结合。通过情境教学，学生的交际技巧和综合语言运用能力都将得到显著提高，为他们未来在多元化的社会环境中顺利沟通打下坚实的基础。

二、任务型教学法的推广

任务型教学法强调通过实际的、有意义的语言任务来促进学生的语言学习，这种方法让学生可以在真实或接近真实的语言环境中通过完成特定的任务来学习语言，从而增强学习的动机和参与度。

在普通话教学中，利用任务型教学法可以极大地提高学生学习普通话的积极性和实际应用能力。教师可以根据学生的实际水平和兴趣设计各种任务，使学生在完成这些任务的同时，在语言知识和语言技能上也得到综合提升。例如，教师可以要求学生制作一份关于普通话重要性的宣传册。这个任务涉及文案的撰写、布局的设计以及普通话的标准发音等多个方面。学生不仅需要用普通话进行沟通交流，还要了解普通话的规范和相关文化。通过这个过程，他们可以更深入地理解普通话的重要性,同时还可以锻炼自己的语言组织能力和创意表达能力。另一个任务实例是组织一次普通话演讲比赛。这样的任务使学生从准备演讲稿到实际的演讲表达,整个过程都在使用和练习普通话。学生需要研究话题,组织内容,练习发音和语调,最终在公众面前表达自己的观点。这种任务不仅锻炼了学生的语言能力,还提高了他们的自信心和公众演讲技巧。

除了上述任务,教师还可以设计如进行普通话访谈、编写普通话小故事、制作普通话教学视频等各种具有创造性和合作性的任务。这些任务能够让学生在不同的情境中不断尝试和使用普通话,鼓励他们在合作中学习,彼此之间进行交流和反馈。

三、交际策略训练的重视

交际策略训练是语言教学领域中的一个重要组成部分,特别是在普通话教学中,这种训练方法尤为重要。它强调在语言教学中不仅要教会学生准确的语言知识,更要教会他们如何有效地使用这些知识进行实际交际。交际策略的训练可以帮助学生在遇到难以表达、理解不通或沟通障碍等问题时,找到合适的方法来解决问题,使交流更加顺畅。

在普通话教学中,教师可以通过一系列的教学活动来培养学生的交际策略,包括角色扮演、模拟对话、情景剧等。通过这些互动性强的活动,学生能够在实践中学习并运用这些策略。例如,教师可以设置一些特定话题的讨论,引导学生学习如何启动和结束话题,如何在话题陷入僵局时巧妙转换,或者如何在对方提出观点时恰当地提出自己的看法。

在培养学生如何应对语言障碍方面,教师可以教授学生具体的应对策略,比如使用同义词替换、用简单的语言重新表述复杂的思想、使用肢体语言或表情来辅助表达、请求对方重复或澄清某些信息等。这些策略不仅有助于学生在遇到障碍时不失去沟通的信心,还可以增加语言的互动性和灵活性。

此外，教师还可以设计一些特定的训练活动来增强学生的语言流利度。例如，通过快速问答练习，提高学生的反应速度；进行连贯性叙述的练习，提高学生的语言组织能力；通过朗读和复述练习，增强学生的语音语调表达能力。

第四节　普通话教学内容的改革

随着社会的发展和科技的进步，普通话教学内容也在不断改革，以适应新时代的需求。改革的主要方向包括以下几个方面。

一、注重实用性

传统的普通话教学方法往往聚焦于语音、词汇、语法等基础理论知识的讲解和记忆，学生可能会在汉字书写、诗文朗读等方面接受训练，但这些内容很少与他们的现实生活和具体情境相结合。虽然这些基础知识对学习普通话至关重要，但它们单独存在时并不能完全满足学生运用语言解决实际问题的需求。相比之下，现代的普通话教学更加注重语言学习与实际应用相结合，更加重视培养学生的语言运用能力。这种教学方式不再仅仅是传授语言规则，而是通过模拟真实场景、情境对话、项目任务等方法，将语言学习嵌入学生的生活和社交环境中。例如，在教学日常交流的过程中，教师可能会设计一些模拟情景，如在餐厅点餐、在商店购物、在医院就医等。这些情景模拟不仅仅是让学生重复对话，更是在帮助他们学会如何在不同的社交场合中自然而然地运用语言。

在职场沟通方面，普通话教学可以融入商务礼仪、职场交流、公共演讲等实用内容。教师可以引导学生学习编写正式的商务信函、电子邮件以及制作汇报演示文稿等，这些都是职场中常见的沟通方式。通过这样的教学,学生不仅可以学会普通话的正确使用方法,还可以了解职场文化和沟通策略,使他们能够在未来的工作中更加得心应手。

二、引入多媒体教学手段

现代普通话教学充分利用多媒体技术,这些技术的运用不仅能极大地丰富教学手段和教学内容,而且能有效地提高教学的互动性和趣味性。音频和视频资源能提供真实的语言环境,让学生听到标准的普通话发音,看到语言使用者的面部表情和肢体动作,这有利于学生模仿和理解语言的非言语成分。例如,音频材料可以包括普通话朗读、对话、故事讲述、歌曲等,学生可以通过反复听、跟读来改善自己的语音语调,加深对普通话语音的记忆和理解。视频材料则可能是电影片段、戏剧、新闻广播或者是专门为语言学习制作的教学视频,这些材料不仅可以展现普通话在不同情境中的运用,还能增强学生学习的趣味性,同时帮助学生更好地理解语境和文化背景。

网络资源的加入为普通话教学带来了无限可能。在线互动平台、教学应用程序、数字化教材等都极大地为学生的自主学习提供了便利,学生可以随时随地通过互联网接触到大量的语言学习资源。更重要的是,网络技术的互动性特点可以让学生参与到更多的实际交流中,如在线讨论群、语言交换伙伴、虚拟角色扮演等,这些都是锻炼学生实际运用普通话能力的好方法。

在听、说、读、写各方面,多媒体技术的运用也有所不同。在听力训练上,教师可以使用音频材料进行各种听力练习,如信息归纳、主旨判断等;在口语训练上,视频对话和在线实时交流可以帮助学生模拟真实的交际情境;在阅读训练上,电子书籍、在线文章等丰富的阅读材料可以增强学生的阅读理解能力;在写作训练上,博客、论坛的写作和互动可以提升学生的书面表达能力。

综上所述,现代普通话教学中多媒体技术的广泛应用,使教学方式更加多样化,极大地提高了学生的学习兴趣,同时确保了学生在听、说、读、写等方面能够得到均衡和全面的锻炼。通过这种方式,学生能在一个更加真实和多元的语言环境中更有效地掌握普通话,提高其对普通话的实际运用能力。

三、跨学科整合

普通话教学与其他学科的整合是现代教育理念中的一个重要方面,这种跨学科的融合让学生在学习普通话的同时,也能够接触和理解汉语背后的深厚文化底蕴。将文化、历史、地理等学科内容引入普通话教学中,不仅能够拓宽学生的视野,还能够增强他们对汉语及其使用环境的理解。例如,在学习普通话的过程中,教师可以结合中国传统节日来讲授相关的词汇和表达,让学生在学习语言的同时了解春节、中秋节等节日的由来和习俗,从而对中国文化有更深层次的认识。在这样的课程中,学生不仅学习到了普通话,也学习了中国的文化内涵,使语言学习不再是孤立的语言技能训练,而是一次丰富的文化体验。

历史学科的整合可以帮助学生了解汉字的演变、普通话的发展以及语言与历史事件的关联。通过学习历史故事、历史人物的语录,学生能更好地理解汉语词汇的渊源和发展,也能够提高他们对历史知识的兴趣。

地理学科的内容可以与普通话教学结合,让学生学习中国的地理环境、方言分布、风土人情等。这不仅能够帮助学生更好地理解普通话在中国不同地区的使用情况,还能增强他们对语言多样性的认识和尊重。

此外,普通话教学还可以与艺术、音乐、戏剧等学科相结合。例如,通过学习和表演京剧、书法、中国画等,学生可以在实践中学习普通话,使自身的艺术修养和审美能力得到提高。

通过这种跨学科整合,普通话教学内容变得更加丰富和多元,学生的学习兴趣也因此得到了提高。

四、注重个体差异

每个学生在普通话学习的背景、兴趣、学习目的和能力等方面都存在差异。有的学生可能在发音上存在困难,而有的学生可能在语法理解上需要更多的指导。因此,普通话的教学需要充分考虑这些个体差异,设计不同层次和类型的教学资源,以便每个学生都能在适合自己的水平和速度上进步。

对于初学者来说,教学资源可能需要包括基础的汉字书写练习、基本词汇的积累、简单的日常会话模拟等,以及发音的基础训练,如声母、韵母和声调的学习。对于已经具备一定普通话基础的学生,教学资源可以是更加复杂的阅读材料、深入的语法解析以及提高口语流利度和精确度的练习。

教师在设计教学计划时应当提供多样化的学习材料,比如分级阅读材料、互动软件、模拟测试、角色扮演等,既可以满足不同学生的学习需求,也可以激发他们的学习兴趣。教师也可以采用个性化教学策略,比如小组合作学习、一对一辅导以及布置个性化的学习任务,这些都有助于考虑每个学生的个人需求。

同时,跟踪学生的学习进度也是非常重要的。这不仅可以帮助教师了解学生的学习效果,还可以及时调整教学策略。如果有的学生在某个领域表现出色,教师可以提供更高级的材料来持续挑战他;如果有的学生在某个部分遇到困难,教师可以提供额外的支持和练习来帮助其克服障碍。

此外,教师还可以利用信息技术,比如利用在线课程、学习管理系统等工具来使学习内容更加个性化,这些工具常常允许学生根据自己的节奏进行学习,便于教师监测学生的参与度。教师还可以通过数据分析来了解学生的学习模式和成效,进而提供更精准的指导和反馈。

五、与时俱进

随着社会的发展和科技的进步,新的词汇、表达方式不断涌现,教学内容如果不能反映这些变化,就可能变得过时,难以激发学生的学习兴趣。

为了让普通话教学与时俱进,教材和教学活动应该包含当前社会热点和流行文化元素。比如，可以引入与科技发展相关的新词汇，如"人工智能""大数据""云计算"等，让学生在学习语言的同时增长知识和见识。教师可以组织相关话题的讨论，鼓励学生用普通话表达对这些现象的看法和理解，这样能够提高他们的语言应用能力，也能增强他们对话题的了解。

同时，可以结合当前社会热点事件，设计一些贴近现实的语言实践活动。例如，在教学中加入关于环保、公共卫生、城市发展等社会议题的内容，让学生参与模拟新闻报道、策划公益活动或是社会实验等。这样的活动不仅能提升学生的语言表达能力，还能培养他们的社会责任感和批判性思维。

在学习普通话的过程中，学生通过学习这种与时俱进的内容，不仅能掌握实用的语言技能，还能拓宽知识视野，形成关联现实世界中的问题的能力。这样，他们就能更容易地将课堂上学到的语言知识运用到日常生活和工作中去，实现从语言学习到实际应用的无缝对接。这种教学方式有助于学生理解语言学习的实际意义，提高他们的学习积极性和应用能力，使普通话学习更具吸引力和效果。

参考文献

[1] 王建华,胡茂胜,蒋文东.职业普通话教程[M].济南:山东人民出版社,2008.

[2] 王爱玲,花妮娜.高职应用语文素养[M].北京:中国铁道出版社,2013.

[3] 张洁,刘春宁,陈童,等.教师口语训练教程[M].上海:华东师范大学出版社,2013.

[4] 鲁春艳.普通话口语教程[M].沈阳:辽宁大学出版社,2009.

[5] 中公教育湖北省普通话水平测试研究中心.普通话水平测试专用教材[M].北京:世界图书出版公司,2015.

[6] 王渝光.实验语音学:普通话水平测试等级标准[M].昆明:云南大学出版社,2011.

[7] 达言.计算机辅助普通话水平测试教程(第2版)[M].合肥:中国科学技术大学出版社,2017.

[8] 屠国平.普通话水平测试研究[M].杭州:浙江大学出版社,2010.

[9] 黄青.普通话水平测试训练教程[M].长沙:湖南人民出版社,2004.

[10] 刘红梅,武传涛.实用汉语语音[M].合肥:安徽教育出版社,2003.

[11] 沈琳.大学语文新编[M].北京:中国农业出版社,2012.

[12] 江西省语言文字工作委员会办公室.普通话水平测试与培训教程[M].南昌:江西高校出版社,2014.

[13] 云南省语言文字工作委员会. 普通话培训测试指南 [M]. 成都：四川大学出版社, 2006.

[14] 邢福义. 普通话培训测试指要（修订版）[M]. 武汉：华中师范大学出版社, 2011.

[15] 叶林. 口语艺术训练教程 [M]. 北京：中国水利水电出版社, 2009.

[16] 萧涵. 实用普通话 [M]. 北京：中国国际广播出版社, 2005.

[17] 黄青喜, 李芳芳. 普通话理论与实训 [M]. 郑州：大象出版社, 2006.

[18] 文薇. 普通话学习及测试实用手册 [M]. 昆明：云南大学出版社, 2005.

[19] 徐京魁. 口才与沟通 [M]. 长沙：湖南师范大学出版社, 2021.

[20] 潘丽君. 高师现代汉语学习与训练 [M]. 牡丹江：黑龙江朝鲜民族出版社, 2009.

[21] 吴建强, 于芳. 现代汉语的理论认知与应用研究 [M]. 北京：中国原子能出版社, 2019.

[22] 赵敏. 普通话口语实用教程 [M]. 北京：北京师范大学出版社, 2016.

[23] 湖北省语言文字工作委员会. 普通话培训测试指要 [M]. 武汉：华中师范大学出版社, 2010.

[24] 陈良彬, 梁红梅, 李小武. 普通话教程 [M]. 成都：电子科技大学出版社, 2016.

[25] 学赞教育考试研究中心. 普通话水平测试指导教程 [M]. 厦门：厦门大学出版社, 2018.

[26] 王家伦, 陆湘怀. 普通话水平测试教程新编 [M]. 南京：东南大学出版社, 2005.

[27] 邓德秀. 普通话教程 [M]. 北京：北京理工大学出版社, 2006.

[28]《普通话水平测试实用教材》编写组. 普通话水平测试实用

教材[M].北京:中国传媒大学出版社,2011.

[29] 黄燕颖.普通话水平测试实用教程[M].成都:西南交通大学出版社,2007.

[30] 邢福义,汪国胜.现代汉语[M].武汉:华中师范大学出版社,2011.

[31] 杨青云,汪小玲.普通话与口才训练教程[M].北京:国防工业出版社,2015.

[32] 熊娴洁.普通话口语交际[M].武汉:华中师范大学出版社,2012.

[33] 唐朝阔,王群生.现代汉语(第2版)[M].北京:高等教育出版社,2012.

[34] 余铋珍.普通话语音与水平测试教程[M].广州:暨南大学出版社,2011.

[35] 荣连清.普通话教程[M].上海:立信会计出版社,2008.

[36] 黄秋瑞,李文辉.普通话教程[M].上海:立信会计出版社,2007.

[37] 陈晓云,吴晓辉.普通话口语交际[M].武汉:华中科技大学出版社,2011.